中国西域·丝路传奇

中国西域·シルクロード伝奇

中國西域·丝路傳奇

中国西域·シルクロード伝奇

中国文物交流中心　编

中国文物交流センター　編集

文物出版社

文物出版社

中国西域·丝路传奇展

主办单位　中国文物交流中心
　　　　　　日本长崎孔子庙中国历代博物馆

后援单位　中国国家文物局
　　　　　　中国驻长崎总领事馆

支持单位　新疆维吾尔自治区文物局

参展单位　新疆维吾尔自治区博物馆
　　　　　　新疆文物考古研究所

总 策 划　王军　盛春寿　李文亮

展览统筹　姚安　艾尼江·克依木

展览执行　赵古山

展览策划　商小辄　刘国瑞　李军　侯世新　于志勇

展览筹备　李微　张钊　崔金泽　甘伟

展陈设计　李政　贾维国

学术顾问　艾尼瓦尔·哈斯木　吴艳春　沈平

中国西域・シルクロード伝奇展

主 催 者	中国文物交流センター
	日本長崎の孔子廟中国歴代博物館
後援単位	中国国家文物局
	中国駐長崎総領事館
支 持 者	新疆ウイグル自治区文物局
出展場所	新疆ウイグル自治区博物館
	新疆文物考古研究所
総 企 画	王軍　盛春寿　李文亮
展覧統括	姚安　艾尼江・克依木
展覧執行	趙古山
展覧企画	商小韞　劉国瑞　李軍　侯世新　于志勇
展覧準備	李微　張釗　崔金沢　甘偉
展覧設計	李政　賈維国
学術顧問	艾尼瓦尔・哈斯木　呉艶春　沈平

目 录

目　録

致辞

挨拶

新疆是古代中国与西方沟通的梁津，贯穿全境的丝绸之路把东西方文明紧紧相系；日本长崎是日本对外交流的窗口，在中日文化交流中发挥着重要作用。从文化发展角度而言，新疆与长崎都是不同文化的融汇之地。文化的交融正是创新与发展的源泉，以此观之，新疆与长崎的交流对于今日的中日文化交流显得尤为重要。

　　孔庙是华人祭拜孔子的地方，传达着华人尊师重道、薪火传承的观念。可以说，孔庙就是文明的守护者和传承者。长崎孔庙自建立至今已有一百余年的历史，一直承担着这样的责任。自1988年以来，长崎孔子庙中国历代博物馆一直举办中国文物展览，为增进中日文化交流做出了积极的贡献，也成为两国人民的友谊之地。

　　在新疆维吾尔自治区博物馆和新疆文物考古研究所的大力支持下，"中国西域·丝路传奇"展将为长崎观众再现丝绸之路的历史风貌。在此，我要感谢中国驻长崎总领事馆的大力帮助，感谢新疆维吾尔自治区文物局的积极协助，也感谢长崎孔子庙中国历代博物馆和我的同事为此展的顺利开幕付出的辛勤努力。

　　该展是中国文物交流中心与长崎孔子庙中国历代博物馆合作的首展，我相信该展将给长崎观众留下深刻印象。未来多年中，我和我的同事将会给长崎观众提供更多优秀的中国文物展览，与长崎民众一道，在"中日文化交流之路"上齐肩并行，再续佳话。

中国文物交流中心主任

新疆は古代に中国と西域諸国との交流における重要な拠点と通り道であり、新疆のほぼ全域を貫く

シルクロードとして、東西文明をしっかりと繋げています。一方、長崎はかつて日本の対外交流の「玄関

口」として、中日文化交流の大河の中で大きな役割を果してきました。文化発展の角度から見ても、新

疆と長崎はいずれも異なる文化の融合し合う地域であります。そして、文化の交流融合は正に文化のイ

ノベーションと発展を促す源泉ではないかと思います。このような視点から、新疆と長崎との交流は今日

の中日文化交流において大きな意味を有しています。

　孔子廟は中国人などが儒教の創始者である孔子を祀っている霊廟で、尊師重道、薪火伝承の理念

を伝えてきました。長崎孔子廟も今日までの百余年の歴史の中で、このような役割を果たしてきました。

長崎孔子廟中国歴代博物館は1988年以来、中国の文物展を主催し、中日文化交流に積極的に貢献

し、両国人民の相互理解に繋がる友好の地となりました。

　このたび、新疆ウイグル自治区博物館と新疆文物考古研究所から強力なご支援のおかげで、「中国西

域・シルクロードの伝奇」展は遥かなるシルクロードの歴史のひとコマを長崎の皆様に再現できるものと確

信しております。この場をお借りして、本展に多大なご支援をくださった中国駐長崎総領事館と新疆ウイグ

ル自治区文物局に厚くお礼を申し上げます。また、本展が順調に開催されるために、いろいろ努力されて

きた共催者の長崎孔子廟中国歴代博物館および私の同僚たちにも感謝の意を表します。

　本展は中国文物交流センターと長崎孔子廟中国歴代博物館が共催するはじめての企画ですが、長

崎の皆様に深い印象を与えるものと確信しております。これからも、私どもは長崎の皆様によりすばらし

い中国の文物展を引き続き提供することに努め、「中日文化交流のロード」を長崎の皆様と共に歩んで

進み、更なる美談を供え続けていくことに努力します。

王軍

中国文物交流センター主任

长崎与中国的交流源远流长，特别是在日本江户时代实行闭关锁国政策时期，长崎作为日本当时唯一的对外通商口岸，大批中国人来此经商谋生，他们对长崎的影响，不仅仅体现在日本的外交、历史、文化等方方面面，对当地人们的生活方式，至今仍产生着深远影响。

现在的长崎孔子庙，是1893年由当时的清朝政府和旅居长崎的华侨共同携手建造，该庙宇总体风格仿造山东曲阜孔庙，极富中国传统美感。此后历经多次改建，成为日本最正宗的中国风格孔子庙并延续至今。为促进中日文化交流和两国人民之间的相互理解做出更大贡献。孔子庙又于1983年增建了博物馆，常年陈列展示反映中国博大精深文化的珍贵文物。

今年适逢长崎孔子庙建立120周年，同时也是《中日和平友好条约》签订35周年，在此重要的历史节点，举办"中国西域·丝路传奇"展览具有重大意义。此次展品共有55件（套），大多为日本首次展出，而且包含多件近年来的考古新发现，即便是对新疆地区以外的中国观众来说都比较陌生。

我衷心期望这次展览能够成为促进长崎与中国友好交流更加活跃的契机，进而促进中日两国之间的各方面交流。

最后，我愿借此机会，向为本次展览提供珍贵馆藏文物并惠予鼎力支持与合作的中国文物交流中心、新疆维吾尔自治区文物局、新疆文物考古研究所、新疆维吾尔自治区博物馆以及积极促成此展的中国驻长崎总领事李文亮先生等有关人士和团体表示衷心的感谢。

陈优继

长崎孔子庙中国历代博物馆理事长兼馆长

長崎と中国の交流は深く、特に江戸時代幕府の鎖国政策の中でも交易の窓口として開港していた長崎では、多くの中国人の来航がありました。外交、歴史、文化にとどまらず現在でも長崎の生活スタイルに多くの影響を及ぼしています。

　　現在の孔子廟は、1893年に清国政府と在長崎華僑が協力して中国の総本山なみに伝統美あふれる廟宇を建立し、その後いくどかの改築を経て本格的な中国式孔子廟として現在に至っています。このような経緯の中で、1983年には、中日両国人民の相互理解と文化交流のさらなる貢献を目的に博物館を新設し、中国文化の至極の品々の紹介をしております。

　　そして本年は、孔子廟が建立されて120周年を迎えることと『中日平和友好条約』を締結して35周年となり、この節目に「中国西域・シルクロードの伝奇」展を開催する運びとなりました。今回の展示品は55件（セット）あって、多くのは日本で初出展で、しかも、近年の考古新発見を多数件含めて、新疆地域以外の中国の観衆にとって良く知らない。

　　この展覧会が中国と長崎の交流をさらに活性化する機会となり、中日交流の促進に寄与することを念願してやみません。

　　最後、この際にして、今回の展覧に貴館が収蔵していた貴重な文物、多大な支援と協力を提供した中国文物交流センター、新疆ウイグル自治区文物局、新疆文物考古研究所、新疆ウイグル自治区博物館、及びこの展覧を積極的に促進していた中国駐長崎総領事李文亮さんなど関係同士、団体に心から感謝いたします。

陳優継
長崎孔子廟中国歴代博物館理事長兼館長

时隔多年，新疆文物再次在日本展出，我谨代表新疆文物界全体同仁对"中国西域·丝路传奇"展览开幕表示热烈的祝贺，向积极促成此次展览的中国驻长崎总领事馆、中国文物交流中心和长崎孔子庙等有关方面表示诚挚的谢意。

　　新疆古称"西域"，位于丝绸之路的重要地段。早在公元前60年，西汉中央政权在此设立西域都护府。在漫长的历史长河中，东西方文明在此相互交流、影响、融合，创造了辉煌璀璨的优秀文化。由于新疆独特的自然地理条件，大量弥足珍贵的历史文化遗产得以留存，堪称古代文化艺术的宝库。

　　此次展出的文物多是上世纪末、本世纪初新疆考古发掘的珍贵文物和最新成果，既有工艺精美的金器玉器、美观实用的装饰用品，还有多种语言、多样文字、多类货币、佛教艺术品及部分首次在国外展出的新疆考古新发现等，无论是数量、种类还是艺术价值都足以引人关注。此外，该展览还提供了众多的新疆文物遗址、考古现场等辅助图片。相信这些来自古老丝绸之路上的文物将引领各位观众欣赏和领略丝绸之路的神奇魅力，让大家对丝绸之路产生全新的认识和理解。

　　衷心祝愿在日本长崎的"中国西域·丝路传奇"展览圆满成功！

盛春寿

新疆维吾尔自治区文物局局长

数年ぶりに、新疆文物が再び日本で出展することになりました。「中国西域・シルクロードの伝奇」展が長崎で開催されることに当たり、私は新疆の文物界一同を代表いたしましてお祝いを申し上げます。また、今回の展覧会を積極的に推進してきた中国駐長崎総領事館はじめ、中国文物交流センターや長崎孔子廟などの関係各位に心から感謝の意を表します。

　新疆は古くから「西域」と称され、「シルクロード」の重要な位置を占めています。早くも紀元前60年に、前漢中央政府よりこの地に西域都護府が置かれました。悠々たる歴史の大河に、東西文明がここで相互に交流、影響、融合し合い、燦爛たる優れた文化を創ってきました。更に新疆独特な自然地理環境にも恵まれ、多くの貴重な歴史文化遺産がこの地に残り、古代文化芸術の宝庫と呼ばれております。

　今回皆様にご覧いただく文物は、多くが前世紀の末頃から今世紀の初めにかけて新疆における考古発掘の貴重な文物と最新成果です。中には、工芸の美しい金製品と玉製品、美観で実用する装飾類もありますし、多様な言語や文字、種類の違った硬貨、仏教芸術品及び初めて海外で展示する新疆考古の新発見もあります。数量、種類にしろ芸術価値にしろ、見る価値があると思います。この他に、今回の展覧会は新疆文物遺跡、考古現場に関連する写真も多数使用しています。これらの古シルクロードから来た文物は皆様を導き、シルクロードの不思議な魅力と触れ合い、楽しめ、シルクロードに新しい認識をもたらすであろうと確信しております。

　「中国西域・シルクロードの伝奇」展の円満なご成功をお祈りします。

盛春寿

新疆ウイグル自治区文物局局長

前言

　　中国新疆古称西域，是一片神奇而古老的土地。它地处中国西北边陲，亚欧大陆中段。从远古时代起，便因玉石、黄金等珍稀物产的东输西运，诉说着海纳天下文化之美的传奇，成为东西方共同向往的神秘境域。历史上的丝路古道，分南、北、中三条横贯新疆全境，它曾有力地推动了东西方政治、经济、文化的交流，记录下不同文明交汇、融合与发展的轨迹。

　　丝绸之路搭起了东、西方文化交流的桥梁，为西域留下了众多的历史遗存。中原地区的丝绸、漆器，地中海沿岸罗马风格的玻璃器，萨珊、粟特风格的金银器，抑或是各地的果蔬、棉毛制品，都曾跟随纷纭的商贾，自此交换到彼处的世界。走过历史的荣华，如今漫步丝路古道，千年遗迹仍历历在目。

　　本次西域专题展览，由55件（组）文物组成。从著名的交河故城、尼雅遗址，到新近发掘的四棵树墓地，展品中包含不少近年出土的文物精品，首度在境外展出。拾丝路遗珍，描摹千年荣华。希望展览能够让观众亲身感受中国新疆的文化魅力，续写丝绸之路文化交融的传奇。

はじめに

　中国新疆は昔西域と呼ばれ、長い歴史を持つ神秘的な地域である。中国の西北辺境、ユーラシア大陸の中段に位置している。昔から、玉や金などの珍しい物産の輸出によって、世界文化の美しさを含めている伝奇を述べて、東と西の国とともに憧れる神秘な境域になる。歴史上のシルクロードは南、北、中三つに分けて、新疆全土を横断して、東と西の政治、経済、文化の交流を力強く推進したことがあって、異なる文明の合流、融合、発展の軌跡を記録した。

　シルクロードは東と西の文化交流の橋を架けて、西域に沢山の文化の趣を含まれている歴史遺物を残した。中原のシルク、漆器とか、地中海沿岸のローマスタイルのガラス器、薩珊、ソグドスタイルの金銀器とか、または各地の果物、野菜、メリヤス製品は区々な商売人によって、ここで交換されて、ほかのところへ連れられる。歴史の栄華を歩いたが、今はシルクロードを漫歩して、千年遺跡の記憶が生々しい。

　今度、西域の特定テーマの展示は、55件（組）の文物から組まれている。有名な交河故城、尼雅遺跡から、新発掘の四本の木という墓地まで、展示物に近年の出土した文物の逸品がたくさん含まていて、初めて海外で展覧した。シルクロードに遺留した逸品を拾って、千年の栄華を描く。展覧会は観客に自ら中国新疆の文化の魅力を感じさせると希望して、シルクロード文化の合流と融合の伝奇を書きつづく。

秘境开通途

秘境への通路を開通する

　　在中国汉代丝绸之路开通之前，古代东西方文化交流因为游牧民族的迁徙而辗转延伸。公元前139年，中国汉朝的武帝刘彻派遣张骞出使西域，由此而开拓的丝绸之路，揭开了东西方经济文化交流的新时代。从汉代起，东起长安、西接地中海乃至罗马的丝绸之路，成为东西方贸易的重要商道。西域地区是贯通古代中国、古代印度、古代波斯和罗马的重要枢纽。西域的古代文物，从不同的层面反映着这样的历史事实。

　　中国漢代のシルクロードが開通される前に、古代の東と西の文化は遊牧民族の移動によって転々と伸びている。紀元前139年に、中国漢の武帝劉徹は張騫を派遣して西域へ行かせて、それで、シルクロードが開拓されて、東と西の経済、文化の交流新世紀が始まった。漢から、東は長安を起点とし、西は地中海に接し、ローマに至るまでのシルクロードは東西貿易の重要なビジネスロードになった。西域地区は古代中国、古代インド、古代ペルシャとローマを貫通する重要なハブである。西域の古代文物は異なるレベルからこのような歴史事実を反映している。

❶ 青铜彩陶相辉映

青銅と彩陶が照応している

　　青铜冶炼技术的发明和传播是人类文化史上的重要事件。
新疆考古发现表明，这里的青铜制品和陶器乃至石器往往同时
伴出，表明了新兴技术与传统文化同时共存的状态。

　　青銅を製錬する技術の発明及び伝播は人類文化歴史上での
重要な事件である。新疆考古の発見によると、こちらの青銅
製品と陶器は、また石器に至ってしばしば同時に出て、新興
技術と伝統文化は同時に共存していたことを表明した。

石雕女像
高27.5、肩宽11厘米
距今约3800年
1979年新疆若羌古墓沟墓地出土
新疆文物考古研究所藏

女性彫刻石像
高さ：27.5cm　肩幅：11cm
今から約3800年前
1979年に新疆若羌古墳溝墓地で出土した
新疆文物考古研究所所蔵

白色，石质细密。利用整块石材琢磨而成，扁片状，只雕刻出人形轮廓，造型简洁，特征突出。面部有五道横线条，黑色。颈部有三道凸棱四道凹槽，胸部雕出半球形乳房，表面处理光滑平整。此为截至目前新疆出土的年代最早的石雕人像。

白くて、石質で緻密である。まる塊状石材で琢磨された。扁平な形をしていて、体の輪郭だけ彫刻されて、造形は簡潔で、特徴は明らかにしていた。顔に黒い横線が五つ描いておる。首に突き出ている稜が五つあって、しゃくりみぞが三つあって、胸に半球形の乳房が彫刻されていて、表面の処理は滑らかで平らである。今まで新疆で出土した年代が最古な彫刻石像である。

玉斧是一种复合型实用工具，应该是镶嵌或绑扎在木柄上。这件器物虽然做工简单，但作为生产生活用具，在当时人们的日常生活中发挥过重要作用，是新疆目前考古发现年代最早的玉斧之一。

玉斧は複合型で実用なツールで、木の柄に嵌められる又はくくり付けられるかもしれない。この器物は製作工藝が簡単であるが、、生産生活のツールとして、当時の日常生活で重要な役割を発揮した。今まで新疆で出土した年代が最古な玉斧である。

青玉斧
长8.8、刃宽4.3、厚2厘米
公元前1000年
1979年新疆和硕新塔拉遗址出土
新疆文物考古研究所藏

青玉斧
長さ：8.8cm　刃幅：4.3cm　厚さ：2cm
紀元前1000年
1979年に新疆和硕新塔拉遺跡で出土した
新疆文物考古研究所所藏

小杯是用炭精凿刻、打磨而成，敛口，鼓腹，圜底。腹部有一横耳。此杯应是当时妇女盛装化妆颜料的器皿。

カップは炭素で刻まれて、研磨されたものである、口が集められて、腹鼓で、円い底をしている。腹に横耳が一つあって、このカップは当時の婦人が化粧品を盛り込む器であろう。

单耳炭精杯
高1.6、口径2.3、腹径3.1厘米
公元前8世纪
1986年新疆和静察吾乎墓地出土
新疆维吾尔自治区博物馆藏

片耳カーボンカップ
高さ：1.6cm　口径：2.3cm
腹の直径：3.1cm
紀元前8世紀
1986年に新疆和静察吾乎墓地で出土した
新疆ウィグル自治区博物館所藏

单耳彩陶罐
高26.1、口径10.9厘米
公元前7世纪
2001年新疆尼勒克吉林台墓地出土
新疆文物考古研究所藏

耳付壺
高さ：26.1cm　口径：10.9cm
紀元前7世紀
2001年に新疆尼勒克吉林台墓地で
出土した
新疆文物考古研究所所蔵

小口，长颈，单耳，圆底，红彩。图案分两部分，颈部一周交错三角纹，三角内填以平行线或棋盘格。下腹的图案与上腹基本一样，为交错的三角纹，三角内填以平行线和棋盘格。为新疆早期彩陶中的一件精品。

口が小さく、首が長く、片耳で、丸い底で、赤の彩をしてある。柄は二つの部分に分けられている。首に三角紋が交わって、三角形に平行線や棋局の格子が填められる。下腹と上の腹は図案が大体同じで、交わっている三角紋で、三角形に平行線や棋局の格子が填められる。新疆早期の彩陶中の逸品の一つである。

骨刀鞘
长15.2、宽4厘米
公元前4世纪
2003年新疆尼勒克吉林台墓地出土
新疆文物考古研究所藏

コツの鞘
長さ：15.2cm　広さ：4cm
紀元前4世紀
2003年に新疆尼勒克吉林台墓地で出土した
新疆文物考古研究所所蔵

已残，仅保存一半。其通体线刻变形鸟纹图案。鸟纹上下连续，左右对称，极具艺术魅力。游牧民族多以骁勇善战而闻名，男子佩刀不仅属传统装饰，也是生活必需品。此件骨刀鞘具有比较典型的北方游牧民族艺术风格。

もう壊れて、ただ鞘の半分が残って保存している。全体は線状で変形の鳥の柄が刻まれている。鳥の柄は上下は連続で、左右は対称で、技術の魅力が富んでいる。遊牧民族の多く勇猛で戦うことがよく知られている。男子のサアベルは伝統な装飾だけでなく、生活の必要品である。この鞘は北方遊牧民族らしい芸術風格が持っている。

单耳变体羊形纹彩陶豆
高14.7、口径19.2厘米
西周（公元前1046～公元前771年）
1985年新疆哈密焉不拉克墓地出土
新疆维吾尔自治区博物馆藏

片耳変体羊形紋彩陶豆
高さ：14.7cm　口径：19.2cm
西周（紀元前1046～紀元前771年）
1985年に新疆哈密焉不拉克墓地で出土した
新疆ウィグル自治区博物館所蔵

夹砂红陶，手制。红衣黑彩。上腹部及口沿绘一条水波纹，内底似饰两只变体羊形纹，双角卷曲，两羊体于底中心呈十字相交状。红衣黑彩是新疆，尤其是东疆地区彩陶器上较多见的色彩搭配。

砂を交雑する赤の陶で、手作りである。本体が赤くて、黒い色彩が描いてある。上の腹と口に沿う部分は波紋が一つ描いてあって、内の底は変体の羊形のような紋が飾ってある。二つの角が縮れていて、羊の体が底の中心にクロスのような形で交差している。赤い衣で、黒い色彩というのは新疆の、特に新疆の東部でよく見られる色彩のセットである。

铜镰
长21、宽4.6厘米
西周（公元前1046～公元前771年）
新疆巩留县阿尕尔生征集
新疆维吾尔自治区博物馆藏

銅鎌
長さ：21cm　広さ：4.6cm
西周（紀元前1046～紀元前771年）
新疆巩留県阿尕尔生で募集した
新疆ウィグル自治区博物館所蔵

红铜锻造，尾部有一穿孔，以固定木柄。铜镰是收割庄稼的工具，从明显的使用痕迹来看，新疆各地社会经济发生了变化，可以认为新疆草原地带青铜时代存在农业生产，是畜牧业的辅助经济，另外这类铜镰在新疆天山以北及其他区域也有发现。

　赤銅で鍛造されて、木の柄を固定するために、尾に穿孔が一つある。銅鎌は作物を収穫する道具である。明らかに使用された跡からみると、新疆各地の社会経済は変わって始めて、新疆草原地帯の青銅時代に農業生産が存在して、牧畜業の補助経済と見られる。また、このような銅の鎌は新疆天山以北及びほかの地域でも発見された。

铜斧
通长17.6、刃宽4.6厘米
春秋战国（公元前770～公元前221年）
1991年新疆拜城县克孜尔墓地出土
新疆文物考古研究所藏

銅斧
長さ：17.6cm　刃幅：4.6cm
春秋戦国（紀元前770～紀元前221年）
1991年に新疆拜城県克孜尔墓地で出土した
新疆文物考古研究所所蔵

青铜质，铸造。椭圆形凿孔，双面直刃。铜斧在新疆虽然多有发现，但此类形制极为少见，为新疆考古出土早期不同形制铜斧中的一类，对于研究新疆早期生产工具的发展演变和冶金业有着重要价值。

　　生地は青銅で、鋳造された。楕円形の孔をしている、両面ストレートエッジである。銅斧は新疆でよく発見したが、このような形は極めて珍しい。新疆で出土した早期の違う形と造りの銅斧での一類である。新疆早期の生産ツールの発展の変わりと冶金業を研究するのに大切な価値がある。

蹲跪铜武士俑（复制品）
通高40.6厘米
战国（公元前475～公元前221年）
1983年新疆新源县巩乃斯河南岸出土
新疆维吾尔自治区博物馆藏

しゃがんで跪いている銅武士俑（複製品）
高さ：40.6cm
戦国（紀元前475～紀元前221年）
1983年に新疆新源県巩乃斯河南岸で出土した
新疆ウィグル自治区博物館所蔵

铜制，合模浇铸而成，中空。此青铜武士面型丰满，目大鼻高。头戴高高的弯钩尖顶宽沿大圆帽，赤裸上身，全身肌肉发达，显得威武有力。此铜像是典型的尖顶塞人形象。塞人公元前3世纪以前生活在伊犁河流域及伊塞克湖附近一带，以游牧为主，后被大月氏所败，迁徙至今中亚地区，与当地民族逐步融合。这件铜武士俑就是很好的证明。特殊的造型，显示着威武高贵的气质。从这件蹲跪铜武士俑可以看到当时青铜艺术出奇的想象力以及高超的制造技术。具有很高的学术研究和艺术鉴赏价值。

　銅製で、型締装置で鋳造されて、中は空いている。この青銅武士は面が豊満で、目が大きくて、鼻が高い。曲がっているフックで、尖っている先端で、鍔が広くて、大きい丸い帽子をかぶっている。上半身は裸で、全身の筋肉が発達で、威武で力強いと見える。この銅像は典型な先端塞人だと思われる。塞人は紀元前3世紀以前、イリ川流域及び伊塞克湖の周辺で生活して、遊牧を主として、その後、大月氏に敗れられて今の中央アジアに移動して、現地の民族と徐々に融合してきた。この銅武士俑はその証拠である。造形が特殊な形体で、威厳で雄大な高貴な気概を持っていて、青銅芸術の不思議な想像力と素晴らしい技術を生き生きとした表現して、非常に高い学術研究と芸術鑑賞価値を持っている。

❷ 珍宝粉黛扮仪容

装飾品と粉黛で飾る

　　生活在西域的居民用他们独特的情感创造着艺术，美化着自我。从考古发掘的文物看，当时的首饰制作工艺精美，面部化妆成为时尚。人们用青铜、黄金和白银制作服装饰件，有些刻划动物纹。用艺术品来装饰自我已成为当时社会所尊崇的习俗。

　　西域で生活していた居民は独特な情感をこめて、芸術を創造して、自らを美化した。考古で発掘された文物からみると、当時のアクセサリーの製造工芸は精巧で美しくて、顔をメークするのは風潮になった。当時の人は青銅、金と銀で服装の飾りを作って、動物紋を刻むことがある。技術品で自分を飾るのは当時の社会で推賞される風俗になった。

　　交河故城位于中国新疆吐鲁番市以西13公里的一座岛形台地上，因河水分流绕城下而称交河。公元前2世纪前后，古代车师人在这里建立了车师前国，留下了他们的活动遗迹和文化珍宝。公元2～6世纪，交河地区转变为麴氏高昌王国等地方政权所辖的交河郡。随着东西文化交流的开展，先后有车师人、汉人、匈奴人、鲜卑人、粟特人、突厥人、吐蕃人、回鹘人、蒙古人等在这里居住和生活。14世纪交河城因毁于战火而废弃，但由于交河故城所在的吐鲁番地区干旱少雨，使故城保存得非常完整。建筑全部由夯土版筑而成，形制布局则与唐代长安城相仿。

　　交河故城は中国新疆トルファン市以西3キロの島形のような台地に位置していた。川が城をサラウンドして流れる故、交河と名取られた。紀元前2世紀前後、古代車師人はここで車師国を建て、活動遺跡と文化逸品を残した。紀元2－6世紀に、交河地区は麴氏高昌王国などの地方政権が統轄する交河郡になった。東西文化の交流につれて、車師人、漢人、匈奴人、鮮卑人、ソグド人、突厥人、チベット人、遊牧ウイグル人、モンゴル人は次々にここで生活していた。14世紀に交河城は戦火で崩壊して廃棄された。交河城におけるトルファン地区は干ばつで雨が少なく、城が完備に保存できる。建築は全部突き固めた土版築で建て、城立地は唐の長安城と似ている。

交河故城远眺
交河故城を眺める

雕刻，柄上有镂空花纹，十八齿，齿长5厘米。

雕刻工芸品で、柄に透かすパターンがあって、櫛の歯が18つあって、歯の長さが5cmである。

刻花角梳
长10.5、宽4.3厘米
春秋战国（公元前770～公元前221年）
1998年新疆且末扎滚鲁克113号墓出土
新疆维吾尔自治区博物馆藏

花を刻む角櫛
長さ：10.5cm　広さ：4.3cm
春秋戦国（紀元前770～紀元前221年）
1998年に新疆且末扎滚鲁克113番の墓で
出土した
新疆ウィグル自治区博物館所蔵

穿绿松石金耳环
长2.9厘米
战国（公元前475～公元前221年）
1977年新疆乌鲁木齐市南山鱼儿沟出土
新疆维吾尔自治区博物馆藏

ターコイズを穿つ金のイヤリング
長さ：2.9cm
戦国（紀元前475～紀元前221年）
1977年に新疆ウルムチ市南山魚溝で出土した
新疆ウィグル自治区博物館所蔵

用金线缠绕成环焊接而成，耳挂钩处是一不封口的大环，下面焊接一小环，小环套一绿松石的坠，坠下焊接四粒小金珠。掐丝，焊接。

　金糸で巻いて環が作られて、溶接されてなる。耳をかけるフックは口が閉じらない大きな環で、したに小さな環が溶接されて、小さな環にターコイズのペンダントが嵌められて、ペンダントの下に小さな金珠が四つ溶接されている。糸を纏って、溶接られた。

坠石金耳环
长2.7厘米
战国（公元前475～公元前221年）
1977年新疆乌鲁木齐市南山鱼儿沟出土
新疆维吾尔自治区博物馆藏

石のペンダントで金イヤリング
長さ：2.7cm
戦国（紀元前475～紀元前221年）
1977年に新疆ウルムチ市南山魚溝で出土した
新疆ウィグル自治区博物館所蔵

主体为螺旋纹金铸造，对称焊接四个小环，其中上环套耳挂钩已缺失，两边小环各套一穿石珠的小坠，下面小环套一穿绿石坠的小环。铸造，焊接。

　主体はらせん柄で、金で鋳造されて、小さな環が対称的に四つ溶接されて、なお、上の環で耳を掛けるフックは（行方不明になっている）、両側の小さな環には別々に石珠が嵌められ、したの小さな環に緑石のペンダントが嵌められる。鋳造して、溶接する。

対虎纹金带饰
高3、长25.4厘米
战国（公元前475～公元前221年）
1977年新疆阿拉沟墓地出土
新疆维吾尔自治区博物馆藏

虎紋金製飾板
高さ：3cm　長さ：25.4cm
戦国（紀元前475～紀元前221年）
1977年に新疆阿拉溝墓地で出土した
新疆ウィグル自治区博物館所蔵

对虎纹金带饰，用金箔模压捶鍱的手法制出两虎相对，长条形，制作精美。金带饰二虎张口怒目而视，虎视眈眈，距卧状，前肢平身，后肢翻转曲至背部，翼、尾上翘，双耳机警竖立，作欲争斗状。动物纹带饰是北方草原常见的一种纹样风格，分布得相当广泛，当时生活在阿拉沟一带的民族把二虎相争的场面做成带饰，说明他们对虎的习性特点观察很细致。带饰上有小孔，可能是缀于其他物品上的装饰品。

一足虎紋金带飾りは金箔模型で鍱を押して叩く手法によって、二つの虎が相対で、細長い形をして、美しく製作である。金带にある二つの虎は口を開いて、睨んで、虎視眈眈にしている。前肢が伸びて、後肢が反転してバックまで曲がって、翼と尾が反上に張って、両イヤホンが機敏で立てて、争うとする姿をしている。動物紋の带飾りは北方草原でよく見える柄スタイルで、分布が広い。当時阿拉溝の辺りで生活していた民族は二つの虎が争う場面をアクセサリにするのは、彼らは真面目にトラの習性特徴を観察したということを説明した。带飾りに孔があり、たぶんほかのものに綴られる装飾品である。

虎形圆金牌
直径5.5厘米
战国（公元前475～公元前221年）
1977年新疆阿拉沟墓地出土
新疆维吾尔自治区博物馆藏

虎紋金製円形飾板
直径：5.5cm
戦国（紀元前475～紀元前221年）
1977年に新疆阿拉溝墓地で出土した
新疆ウィグル自治区博物館所蔵

用圆形模压捶鍱的方法制出一只凸起的老虎纹样，虎纹前体作曲立状，昂首呈起跃式，后体反转，抓至虎的耳部整个躯体反转构成圆形，前爪抬至颌下，后爪至脑后，极富动感，虎鬃爪纹饰细微清晰，翼纹也比较明显，可以称为飞虎。当时生活在天山山脉东部阿拉沟一带的民族，能够用虎的造型生动地制作金牌饰，并表现出了特有的时代和民族风格。

　丸い模型で鍱を押して叩く手法によって、突き出ている虎紋を作った。虎紋は前の部分が曲げ立て、頭を上げて立問うとする姿をして、後ろの部分が反転して耳まで抓て、全体の胴体が反転して円形になって、前爪が顎の下まで上げて、後ろ爪が頭の後ろまで曲がって、動感が極めて富んでいる。また、トラ、爪紋の飾りが緻密ではっきりと見える、翼の柄も比較的に明らかで、飛びトラを呼ばれる。当時天山東部の阿拉溝の辺りで生活していた民族は生き生きな虎の姿が飾っている金メダルが作れた。その面、虎が反転する翼飾りは時代と民族の特徴を表した。

金鸡饰
高6.6、宽6厘米
汉（公元前206～公元220年）
2002年新疆乌苏四棵树墓地出土
新疆文物考古研究所藏

金鶏飾り
高さ：6.6cm　広さ：6cm
漢（紀元前206～紀元220年）
2002年に新疆乌蘇四つの木墓地
で出土した
新疆文物考古研究所所蔵

金箔模压而成，鸡呈回首状，各部位刻划得清晰、形象，整个形态生动有神，展现了一只雄鸡的风采。从制作工艺上可看出当时工匠高超的技艺和艺术修养，是一件难得的艺术珍品。

　金箔模型で押してなり、鶏が振り返る状をして、各部分を緻密に刻み、迫真である。全体の形態が生き生きとしていて、一匹の雄の鶏の風采が現れる。制作工芸から見ると、当時の職人の優れた技術と芸術素養が見えて、これはありがたい芸術逸品である。

金鸡饰

金箔模压铆合而成，牛整体比例协调，神态刻画逼真，牛角弯曲，呈奔驰状。具有较高的工艺价值。

金箔模型で押してコーキングしてなり、牛の全体の割引が協調で、表情の刻みが迫真で、牛角が曲がって、走りそうな姿をしている。高い工芸価値がある。

金牛
高0.7、长2厘米
汉（公元前206～公元220年）
2002年新疆乌苏四棵树墓地出土
新疆文物考古研究所藏

金牛
高さ：0.7cm　長さ：2cm
漢（紀元前206～紀元220年）
2002年に新疆烏蘇四つの木墓地
で出土した
新疆文物考古研究所所蔵

金鹿由两块金片对接而成。金鹿呈昂首站立状，鹿角顶端饰两个大珠花，鹿眼以小圆珠点缀，显得机警有神。出土这件金鹿的16号墓是一座大墓，周围有9座附葬墓和23座殉马坑。此墓的主人应有很高的社会地位和权势。

金鹿は二つ金塊がドッキングされてなった。金鹿は頭をあげて立って、角の先端に大きな真珠の花が飾っておって、目が小さな玉で飾って、機敏そううに見える。この金鹿が出土した16番の墓は大きで、周りに添付埋葬墓9つと殉馬坑23つがある。この墓の主人公は必ず高い社会地位と権勢を持っていたそうです。

金鹿
高3.8、长3.3厘米
汉（公元前206～公元220年）
1994年新疆交河故城沟北1号台
地16号墓出土
新疆文物考古研究所藏

金鹿
高さ：3.8cm　長さ：3.3cm
漢（紀元前206～紀元220年）
1994年に新疆交河故城溝北1番
の台地16番の墓地で出土した
新疆文物考古研究所所蔵

怪兽啄虎纹金饰件
高5.75、长8.4厘米
汉（公元前206～公元220年）
1994年新疆交河故城沟北1号台地16
号墓出土
新疆文物考古研究所藏

鳥獣闘争紋金製帯飾板
高さ：5.75cm　長さ：8.4cm
漢（紀元前206～紀元220年）
1994年に新疆交河故城溝北1番の台地
16号墓地で出土した
新疆文物考古研究所所蔵

交河故城沟北墓地
交河故城溝北墓地

捶鍱而成，半浮雕状。为一只鹰嘴、龙身、鹰爪的怪兽，正跃腾而起，爪抓一虎面部，嘴啄虎颈。怪兽的凶悍和虎的颓丧形成鲜明的对比，颇有情趣。以现实和神话中的动物为题材，用写实的手法刻画其搏斗的场面，形象生动、自然，具有浓郁的古代欧亚草原艺术风格。

ハンマー重ねてなり、半レリーフ状をしている。これは鷹の嘴、竜の体と鷹の爪が構成する怪獣である。躍進して、爪がトラの顔を抓て、嘴がトラの首を啄んでいる。怪獣の凶悪とトラの頽廃は対照になり、すこぶる趣がある。現実と神話での動物を素材として、写実の手法で格闘の場面を描写している。いきいきとして、自然で、豊かな古代ユーラシア草原芸術スタイルがある。

卧虎形铜扣饰
高2.9、长5.6、厚0.6厘米
汉（公元前206～公元220年）
1973年新疆吐鲁番高昌故城出土
新疆维吾尔自治区博物馆藏

臥する虎形の銅バックル飾り
高さ：2.9cm　長さ：5.6cm　厚さ：0.6cm
漢（紀元前206～紀元220年）
1973年に新疆トルファン高昌故城で出土した
新疆ウィグル自治区博物館所蔵

青铜，以镂空工艺铸造。椭圆脸庞，圆形双目，三角形鼻，嘴呈扁圆状，平背。腿为向前曲折下垂卧地，尾呈连环状下垂与后腿衔接。腹部为卷纹，后背有一长方形扁扣。类似造型的铜饰件，在我国北方草原地区都有出土。匈奴族崇拜动物，故在日常的生产生活中都以动物作为装饰。

青銅。透かして彫る工芸で鋳造した。顔が楕円で、目が丸くて、鼻が三角形で、口が扁円形をして、バックが平らである。足を前に曲がって垂らして地に、尾が連輪状をして垂らして、後ろ脚と繋ぐ。腹が巻く紋で、背中だ長方形の扁平なバックルがある。我が国の北方草原地区で出土した類似な銅飾りがある。フン族は動物を崇拝したゆえ、日常の生産と生活の中に動物を飾りとしていたことは普通である。

贝壳、料珠项链
贝5个，长1.5～1.7厘米
玛瑙2个，长0.7～1.2厘米
汉（公元前206～公元220年）
1984年新疆洛浦县山普拉1号墓出土
新疆维吾尔自治区博物馆藏

貝殻、料珠ネックレス
貝五つ，長さ：1.5cm～1.7cm
瑪瑙二つ，長さ：0.7cm～1.2cm
漢（紀元前206～紀元220年）
1984年に新疆洛浦県山普拉1番の墓で
出土した
新疆ウィグル自治区博物館所蔵

海贝白色，一端钻小孔。海贝是海洋生物的遗存，出现在远离海洋的汉代和田地区，应是当时比较珍贵的装饰品，也表明距今2000年左右，西域与我国沿海地区以及西亚沿海地区有着一定的经济文化联系。

貝は白くて，一端がちいさい孔をしている。貝は海洋生き物の遺物で，海洋に遠く離れる漢のホータン地区で現れて，当時に珍しいアクセサリであろう。今まで2000年前ぐらい，西域は我が国沿海地区、シア沿海地区と一定の経済、文化の繋がりがあった。

石眉笔、眉石
眉笔长7.7、直径0.8厘米
眉石高2.5、长3.3、宽2.2厘米
汉（公元前206～公元220年）
1984年新疆洛浦县山普拉墓地出土
新疆维吾尔自治区博物馆藏

眉墨、眉石
眉墨の長さ：7.7cm　直径：0.8cm
眉石の高さ：2.5cm　長さ：3.3cm　広さ：2.2cm
漢（紀元前206～紀元220年）
1984年に新疆洛浦県山普拉墓地で出土した
新疆ウィグル自治区博物館所蔵

石墨质地。眉笔呈锥形，通体打磨光滑，一头尖，另一端残，应有系孔。眉石因多次取颜料被磨成不规则形状，上面有凹槽。石眉笔和眉石是古代妇女化妆用品，使用时，用眉笔在眉石上研磨，取下黑色粉状颜料可以美眉。

　生地が黒鉛である。眉墨は円錐形で、全身が滑らかに磨いた。一端が細く、他の一端が欠け、たぶん繋ぐ穴がある。眉石は何度も顔料を取るのに使用されて、不規則な形に磨かれて、上に溝が残る。眉墨と眉石は古代の婦人の化粧用品で、使う時に、眉墨では眉石を研磨して、黒い粉状の顔料を取って、眉が掃ける。

葡萄坠金耳环
环径1.3厘米
汉（公元前206～公元220年）
1978年新疆特克斯一牧场墓地出土
新疆文物考古研究所藏

葡萄のペンダント金イヤリング
環径：1.3cm
漢（紀元前206～紀元220年）
1978年に新疆タークス一牧場墓地で出土した
新疆文物考古研究所所蔵

耳环上端为一不闭合的圆环，环下以两个小钩相连一坠，坠由8个空心小圆金泡组成，焊接一体，好似成串的葡萄。通体金色纯正，造型小巧，工艺水平较高，是塞克文物中的精品。

　イヤリングの上端は閉じないリングで、環の下は二つの小さな鈎でペンダントを繋いでいる。このペンダントは8つの中が空く金泡によって構成して、一体に溶接した、葡萄に似ている。全体は金色で、造形がコンパクトで、工芸レベルが高い。塞克文物の逸品である。

动物纹金形饰
野猪高1.2、长2.2厘米
金狼高2.5、长7.1厘米
金箔羊高2.4、长3厘米
汉（公元前206～公元220年）
2011年新疆阿勒泰哈巴河县塔勒德墓
地出土
新疆文物考古研究所藏

動物柄金形飾り
いのしし高さ：1.2cm　長さ：2.2cm
金の狼高さ：2.5cm　長さ：7.1cm
金箔の羊高さ：2.4cm　長さ：3cm
漢（紀元前206～紀元220年）
2011年に新疆阿勒泰哈巴河県塔勒徳
墓地で出土した
新疆文物考古研究所所藏

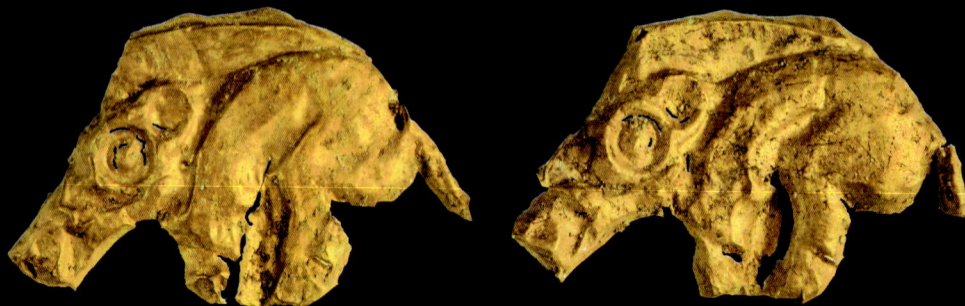

野猪
いのしし

野猪出土于墓底，以模具压印金箔制作而成野猪的侧面
形象，猪鬃、猪尾、猪嘴等细节刻画清晰，质朴生
动；金狼出土于墓底，以金箔剪成狼的形象，狼首呈低俯
状，吻部微微向上，尾部缺失一小部分；金箔羊簪刻压印
成绵羊形状。

　「いのしし」墓の底で出土した、模型で金箔を押して、い
のししの側面を制作した。猪の毛、尾、口などの細部がはっ
きり刻み、素朴で生き生きとしている。「金の狼」墓の底で
出土した、金箔を狼の外形に切った。狼は頭がやや下げて、
キス部が少々上げて、尻部が小部分に欠けている。「金箔の
羊」かんざし刻で圧印して、綿羊の形になった。

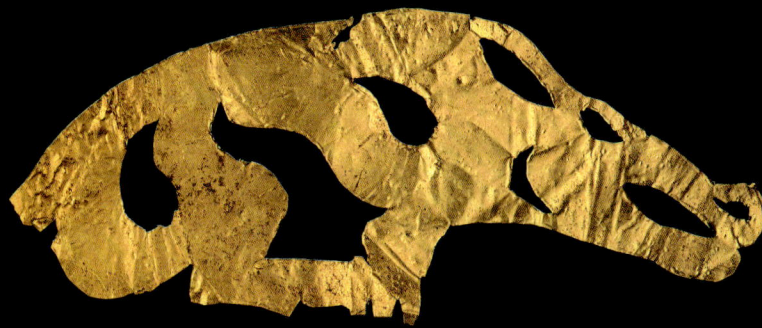

金狼
金の狼

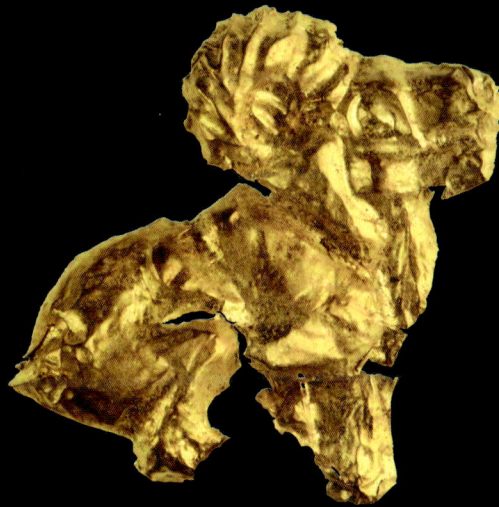

金箔羊
金箔の羊

金 饰件似挂在耳环上的一种雕饰，其中央置有一
颗大的红宝石，表面和内侧用金片加固，周围
用大大小小连接在一起的金粒作为装饰，是明显具有
西方风格的饰品。

　金飾りはイヤリングにかける彫刻する飾りに似てい
て、中央に大きな赤宝石があって、表面と内側が金塊
で固まられて、まわりに連続している大小の金粒が飾
ってある。。洋風の飾り品と明らかに見える。

金饰件
高3.3、宽2.8厘米
汉晋（公元前206～公元420年）
2003年新疆尼勒克吉林台墓地出土
新疆文物考古研究所藏

金飾り
高さ：3.3cm　広さ：2.8cm
漢晋（紀元前206～紀元420年）
2003年に新疆尼勒克吉林台墓地で出土した
新疆文物考古研究所所蔵

金戒指
长4.8、宽2.8厘米
汉晋（公元前206～公元420年）
2003年新疆尼勒克县吉林台墓地出土
新疆文物考古研究所藏

金指輪
長さ：4.8cm　広さ：2.8cm
漢晋（紀元前206～紀元420年）
2003年に新疆尼勒克吉林台墓地で出土した
新疆文物考古研究所所蔵

中间有环，两端为动物首，似张嘴的蟾蜍，镶红宝石为双眼。两侧面有用细金珠焊成的成排的小三角，正面镶椭圆形红宝石，外围一周细金珠。宝石阴刻端坐在椅子上的妇人。妇人头戴圆冠，一手持花，表现的是罗马神话中丰裕女神的形象。

　中央に環があって、両側が動物の頭で、口をあけているヒキガエルに似ていて、嵌めた赤宝石を目とする。両側は細かい金粒で並ぶ小三角形を溶接して、正面は楕円形の赤宝石を嵌めて、外側は一周の金粒である。宝石に座っている婦人が彫刻される。婦人は丸い冠を被っていて、片手で花を持っている。ローマ神話での欲福な女神と表現された。

狼食羊圆形铜饰
高2、直径5.5、厚0.2厘米
汉晋（公元前206～公元420年）
1996年新疆喀拉墩圆沙古城出土
新疆文物考古研究所藏

羊食い狼円形銅飾り
高さ：2cm　直径：5.5cm　厚さ：0.2cm
漢晋（紀元前206～紀元420年）
1996年に新疆喀拉墩圆沙故城で出土した
新疆文物考古研究所所蔵

红铜质半球形，镂空铸出一狼食羊的图案，以夸张的艺术手法在半圆形金属上表现出来，体现了当时工匠们高超的艺术构思与想象力。动物纹饰品和器物在北方地区多有发现，这件可能属于权杖头部的饰件。

生地が赤銅で、半球形で、透かして彫りで羊を食う狼の図案を鋳り出した。誇称の手法で半球形の金属で表現して、当時工匠たちが不思議な技術考えと想像力を持つことを体現した。動物紋飾り品と器具は北方で多く発見された。これは皇位を受け継ぐステッキの頭部の飾りである。

料珠项链
全长57厘米
汉晋（公元前206～公元420年）
1996年新疆尼雅遗址出土
新疆文物考古研究所藏

料珠ネックレス
長さ：57cm
漢晋（紀元前206～紀元420年）
1996年に新疆尼雅遺蹟で出土した
新疆文物考古研究所所蔵

料珠项链由115颗料器和珊瑚组成，色彩艳丽，层次丰富，蓝、红、绿色搭配均匀，以坠为中心，左右对称。

　料珠ネックレスは115粒の料器やサンゴに構成される。色が鮮やかで、レベルが豊富で、青、赤、緑の組み合わせが平均で、ペンダントを中心として、左右が対称である。

为 透明、半透明体，有深蓝、翠蓝、墨绿、草绿、浅黄、土黄、靛青、墨黑、银金、金黄、灰绿等色。质地有玛瑙、彩石、琉璃，呈圆球形、圆柱形、圆角四方形、椭圆形等形状，中间穿孔。其从料珠的质地到形状和色彩等方面，均搭配得非常合理，给人一种强烈的视觉享受，属难得的艺术珍品。

　　透明、半透明、紺、翠青、深緑、黄緑色、浅黄、黄土色、藍、墨、銀色、金色、灰緑などの色がある。生地が瑪瑙、石、琉璃で、団子状、円柱形、丸い角で四角形、楕円形をしていて、中に孔を空けた。料珠の生地から、形と色などまでは、組み合わせが非常にいい感じで、人に強烈な視覚の享受を与えて、ありがたい芸術逸品である。

料珠项链
大串70颗，最大直径1.2～0.2厘米
小串16颗，最大直径1.6～0.3厘米
汉晋（公元前206～公元420年）
1980年新疆若羌楼兰古城出土
新疆文物考古研究所藏

料珠ネックレス
大きなネックレス70粒，最大直径：1.2cm～0.2cm
小さなネックレス16粒，最大直径：1.6cm～0.3cm
漢晋（紀元前206～紀元420年）
1980年に新疆若羌楼兰古城で出土した
新疆文物考古研究所所蔵

金花形饰
直径2.6厘米
东汉魏晋（25～420年）
1999年新疆尉犁县营盘墓地出土
新疆文物考古研究所藏

花形飾
直径：2.6cm
東漢魏晋（25～420年）
1999年に新疆尉犁県営盤墓地で出土した
新疆文物考古研究所所蔵

三枚，模压成形，为八瓣莲花纹，其正中镶嵌圆形玛瑙，非常精美。营盘汉晋墓地位于丝绸之路交通要冲，出土文物中本地文化因素与东、西方文化因素共存，表现出极为丰富的文化内涵，对研究当时丝绸之路贸易、交通、中西文化交流都有着极为重要的学术价值。

　合わせて三枚で、模型で押して、八つの花弁がある蓮の形になり、真ん中に円形の瑪瑙を嵌める。造形が精巧である。営盤漢晋墓地はシルクロード交通の要衝で、出土品に土着の文化要素と東、西の文化要素が共存している。極めて豊かな文化の深みを表現して、当時のシルクロードの貿易、交通、東西文化の交流を研究するのに極めて大切な学術価値がある。

❸ 新奇工艺促发展
珍しい工芸で発展が進んでいる

　　西域出土的古卷文书从不同角度记录了丝路上居民的迁徙，而人口的流动也带来了手工业的巨大发展。汉晋时期，西域居民的木加工和制陶、毛纺织等生产技术独具地方特色。中原地区的纺织技术传入西域，被当地居民视为神话记录在当地的绘画艺术中。漆器、铜镜、玻璃器等珍贵商品也通过丝路贸易步入西域居民的生活。丝路沿线百花齐放，出现了多民族和谐共处的文化格局。

　　西域で出土した古巻文書は異なる角度からシルクロードで居民の移動を記録していて、人口流動は手工業に巨大の発展をもたらした。漢晋時期、西域居民の木製品の加工と陶、毛紡織などの生産技術は地方の特色がある。当地の居民は、中原から伝入した紡織技術を神話として、当地の絵画芸術に記録している。漆器、銅鏡、ガラス器などの貴重な商品もシルクロードの貿易によって西域の居民の生活に入った。シルクロード沿線に花が咲いて、多民族が調和共存の文化構造が出た。

　　尼雅遗址是汉晋时期西域丝绸之路南道上的一处东西交通要塞，位于中国新疆民丰县以北约100公里的塔克拉玛干沙漠南缘。遗址以佛塔为中心，沿古尼雅河道呈南北向带状分布，其间散落房屋居址、佛塔、寺院、城址、冶铸遗址、陶窑、墓葬、果园、水渠、涝坝等各种遗迹约百余处，极具学术研究价值。近年的中日联合学术考察，对该遗址进行了系统而科学的考古发掘，发现了许多重要古文化遗存和珍贵遗物。

　　尼雅遺跡は漢晋時代に西域シルクロードの南の道に位置していた東と西の交通要塞であった。中国の新疆閩豊県の北に至って100キロメートルのタクラマカン砂漠南縁に位置している。遺跡は仏塔を中心に、古尼雅川に沿って南北方向の帯状で分布している。その間に家屋居址仏塔、寺院、城址、冶鋳遺跡、陶窯、墓、果樹園、水路、涝坝などさまざまな遺跡約が百所散っている。学術研究価値が富んでいる。近年の中日共同学術考察は、遺跡に対して、系統的で科学的な考古発掘を行って、貴重な遺物古文化の遺物が多く発見された。

尼雅故城房屋遗迹
尼雅故城家屋遺跡

削刻，勺呈长圆形，勺内残留黄色颜料，应是妇女化妆用品。

削り刻む。スプーンが長円形で、内に黄色い顔料が残っていて、たぶん婦人の化粧用品のようである。

角勺
长16.5、宽5厘米
春秋战国（公元前770～公元前221年）
2001年新疆且末扎滚鲁克墓地出土
新疆维吾尔自治区博物馆藏

角さじ
長さ：16.5cm　広さ：5cm
春秋戦国（紀元前770～紀元前221年）
2001年に新疆且末扎滚鲁克墓地で出土した
新疆ウィグル自治区博物館所蔵

人面陶灯
通高27.5、底径12厘米
汉（公元前206～公元220年）
1994年新疆交河故城西北小寺古井出土
新疆文物考古研究所藏

人面付灯具
高さ：27.5cm　底の直径：12cm
漢（紀元前206～紀元220年）
1994年に新疆交河古い城西北小寺古井で出土
新疆文物考古研究所所蔵

质地为加砂红陶。陶灯呈直筒状，上部雕出一人面，扇风耳，双眉长而下垂，双眼内凹，直鼻小嘴，留稀疏的胡须，似为一个老者的形象。头顶内凹成一个圆洞，用于盛油点灯。

生地が砂を含める赤陶である。陶灯が直筒状をしていて、上部に人の顔が彫刻されて、大きい耳で、眉が長くて下垂で、目が内まで凹まって、鼻が直で、口が小さくて、まれな髭を伸ばして、年上のような姿である。頭上に丸い穴が凹まって、油を盛って灯を点す時に使われる。

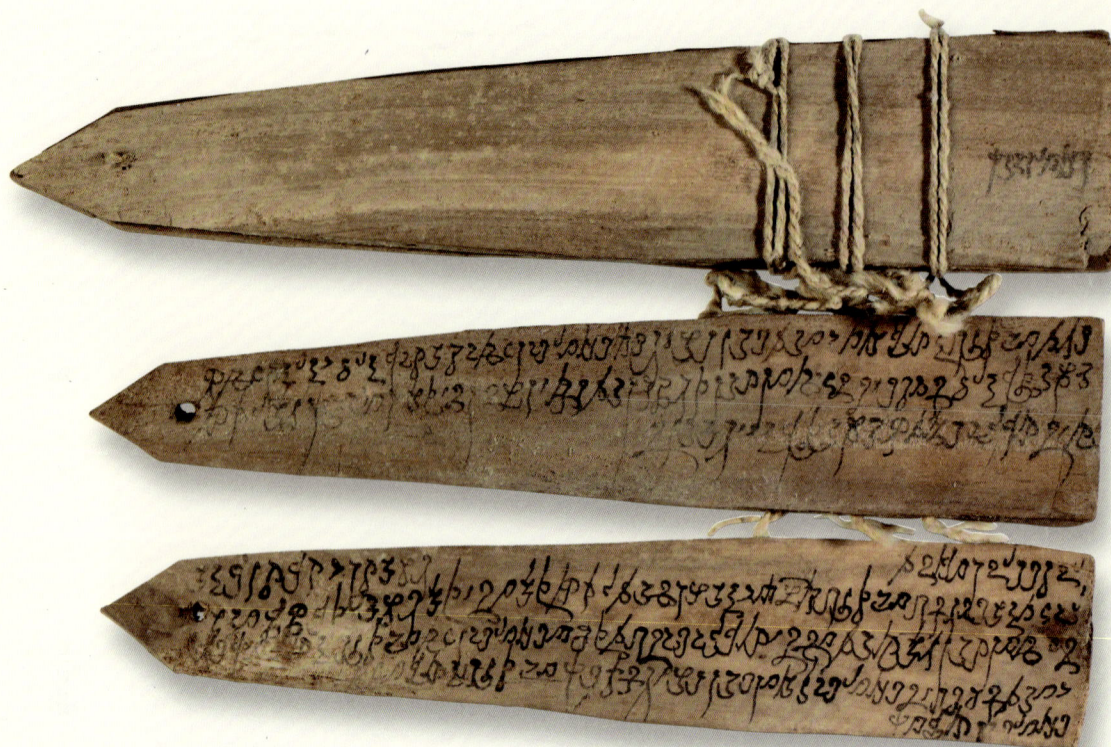

楔形佉卢文木牍
上：长22、宽4.39厘米
下：长24.5、宽5.1厘米
汉晋（公元前206～公元420年）
1992年新疆尼雅遗址出土
新疆文物考古研究所藏

楔形カローシュティー語木木簡
上：長さ：22cm　広さ：4.39cm
下：長さ：24.5cm　広さ：5.1cm
漢晋（紀元前206～紀元420年）
1992年に新疆尼雅遺蹟で出土した
新疆文物考古研究所所蔵

楔形木简，四片捆扎在一起，一端呈方形，另一端削成尖形，方形的一端上部凿有方形泥封坑和三道绳索沟槽，麻绳捆扎，泥封口仍未开启。佉卢文最早起源于古代犍陀罗，是公元前3世纪印度孔雀王朝的阿育王时期的文字，全称"佉卢虱底文"，最早在印度西北部和今巴基斯坦一带使用，公元1~2世纪时在中亚地区广泛传播。公元4世纪中叶随着贵霜王朝的灭亡，该文字逐渐退出历史舞台。

　楔形の木簡で、四枚結束して、一方の端は四角形で、ほかの一方の端は尖る形に削られる。方形は一方の端に方形の泥で封じた穴と三つの綱溝がある、麻縄で梱られて、封じた穴はまだ開けていなかった。カロシュティー文字は最初の古代陀羅から起源し、紀元前3世紀インドマウリヤ朝のアショーカ王時期の文字で、正式な名称は「佉盧シラミ底文」で、インドの北西部と今のバキスタンの一帯で最も早く使用される。紀元1~2世紀の時、中央アジアで広がって、貴霜王朝の滅亡に従って、この文字は歴史の舞台から退去してきた。

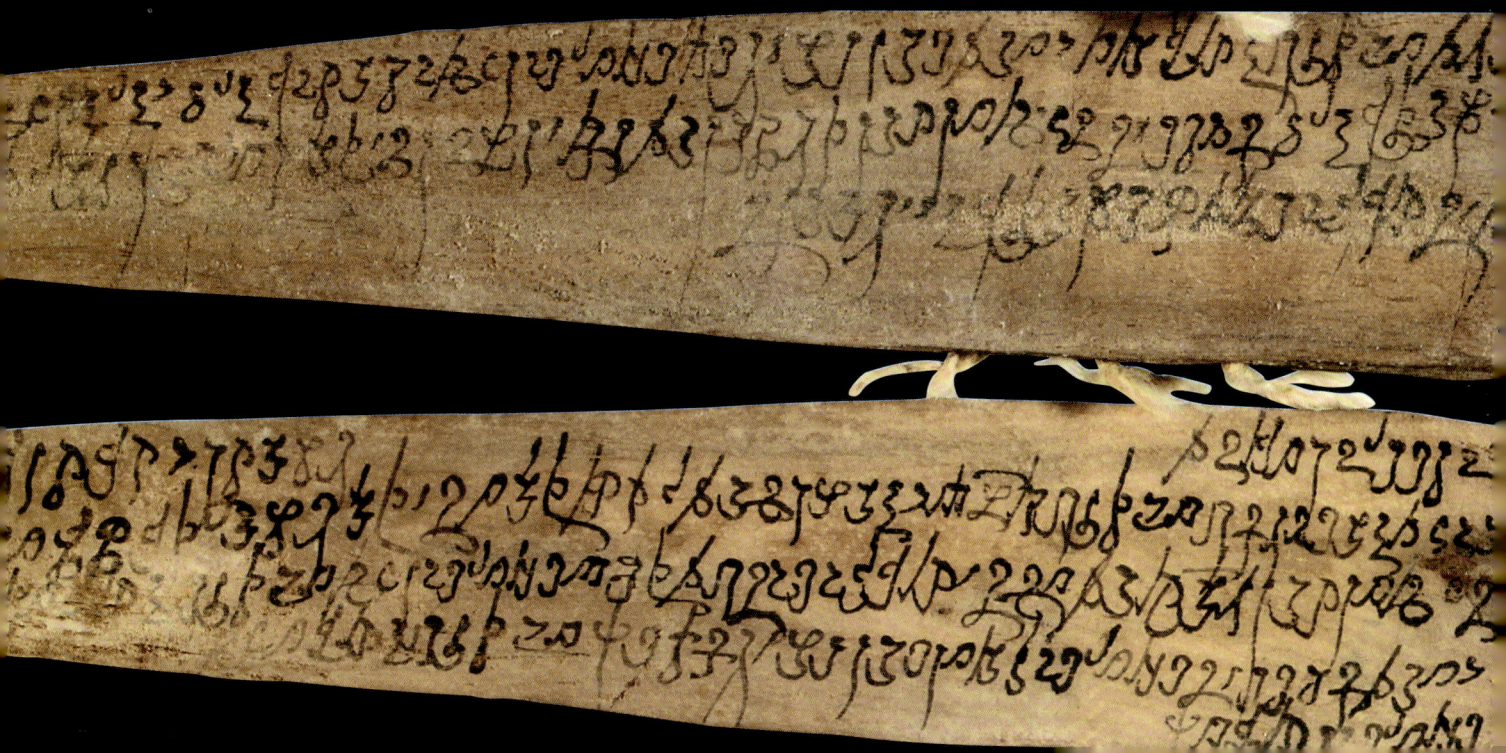

矩形佉卢文木牍
长18.4、宽7.8厘米
汉晋（公元前206～公元420年）
1991年新疆尼雅遗址出土
新疆文物考古研究所藏

矩形カローシュティー語木簡
長さ：18.4cm　広さ：7.8cm
漢晋（紀元前206～紀元420年）
1991年に新疆尼雅遺跡で出土した
新疆文物考古研究所所蔵

木牍为胡杨木加工制成。长方形，上下两页，函盒中部下切凹槽，内书佉卢文字，函盖置于函盒凹槽内，背部隆起，有三道捆扎用的槽沟和一长方形封泥凹槽。函盖两端横书佉卢文字。尼雅发现的佉卢文资料是研究古代精绝国的重要史料。

　木簡はコヨウ木で加工されていたものである。長方形をして、上下は2枚で、函箱の中部に溝を下げて切って、内にカローシュティー文字が書いてある、蓋が箱の凹まる溝に置かれて、バックが隆起して、梱るのに溝が3つあって、長方形の封じた凹泥溝がある。蓋の両側にカローシュティー文字が縦に書かれる。尼雅で発見されたカローシュティー文字の資料は古代精絶国を研究するのに大切な史料である。

木筒及纺轮
纺杆长22.2、最粗径1厘米
纺轮直径3、孔径0.3、厚2厘米
桶高6.8、口径4厘米
汉（公元前206～公元220年）
1999年新疆尼雅遗址1号墓地出土
新疆文物考古研究所藏

木筒及び紡輪
紡レバーの長さ：22.2cm　一番太い直径：1cm
紡輪直径：3cm　穴の直径：0.3cm　厚さ：2cm
筒の口の高さ：6.8cm　直径：4cm
漢（紀元前206～紀元220年）
1999年に新疆尼雅遺跡1番の墓で出土した
新疆文物考古研究所所蔵

系用一较粗木枝削挖制成，直筒状，嵌一圆形木底盖，口无盖，口两侧钻孔穿红毛线绳，孔部各装饰一方形蜻蜓眼料珠。纺轮平面呈椭圆形，中有孔，上面较平，底面呈弧形。纺杆，两端略细，中部稍粗。

　粗い枝で直筒形に削って、円形な木底を嵌めて、口に蓋がつけなくて、口の両側の孔に赤い糸を通して、通す部分に別々に方形のトンボ目の料珠で飾る。紡輪の平面が楕円形をして、中に穴があって、上の面が平で、底の面が弧状で、紡レバー、両側がやや細く、中部がやや太い。

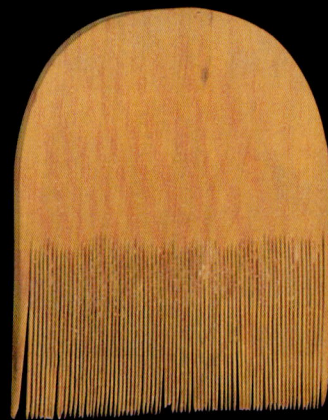

蓝地瑞兽文锦栉袋
袋长12、宽10厘米
梳子长7.7、宽6.3厘米
篦长7.1、宽5.8厘米
汉晋（公元前206～公元420年）
1995年新疆尼雅遗址1号墓地8号墓出土
新疆文物考古研究所藏

青地獣紋錦櫛袋
袋の長さ：12cm　広さ：10cm
櫛の長さ：7.7cm　広さ：6.3cm
篦の長さ：7.1cm　広さ：5.8cm
漢晋（紀元前206～紀元420年）
1995年に新疆尼雅遺跡1番の墓地8番の墓
で出土した
新疆文物考古研究所所蔵

栉袋用蓝地平纹经锦和红色毛织物作面，绢镶缘，展开呈长方形，两短边呈弧状，内侧各缝一小袋，分别装一木质梳、篦。锦面以黄、白、红三色经线显花。在蓝地云纹间织回首翘尾的猛虎形象及骑马武士图案。武士头戴红色双耳帽，身穿交领上衣，下着长筒靴，马翘首张口，鬃毛飞扬，呈奔腾状，颇为生动。

　櫛袋の表面の生地は青い平紋の経錦と赤い毛織物で、絹を嵌って、開ければ、長方形になり、短い袖が弧状になり、内側に小さい袋が縫い込まれて、木のくしと篦が入れられる。錦の表面は黄、白、赤の糸で花を刺繍してある。青い底と曇紋の間に振り替えて、尾が巻いている猛トラ及び馬に乗る武士の図案である。武士は赤い耳がある帽子をかぶって、襟が交る上着を着って、長い靴を履いて、馬は頭をあげて、口を開けて、毛が飛んでいて、走っている様子をして、非常に生き生きしている。

打纬器
长22、宽14厘米
汉晋（公元前206～公元420年）
1993年新疆尼雅遗址出土
新疆文物考古研究所藏

筬打ち器
長さ：22cm　広さ：14cm
漢晋（紀元前206～紀元420年）
1993年に新疆尼雅遺跡で出土した
新疆文物考古研究所所蔵

木质，其形如手，用于织造时打纬。新疆当地织造一般门幅较宽，不宜于用筘打纬，特别是地毯织造，一边栽绒，一边打纬。这种工具在邻近的和田丹丹乌里克唐代遗址出土的传丝公主画板上也可以看到，并至今仍在使用。

　　生地が木で、形が手に似ていて、織る時筬打ちに使う。新疆当地の織幅が一般的に広くて、筘で筬打ちはふさわしくないが、特別にカーペットを紡ぐとき、織物をしながら、筬打ちする。この器具は隣と田丹丹乌里克の唐代遺跡で出土したシルクを伝える姫の画版にも見られて、今にも使われている。

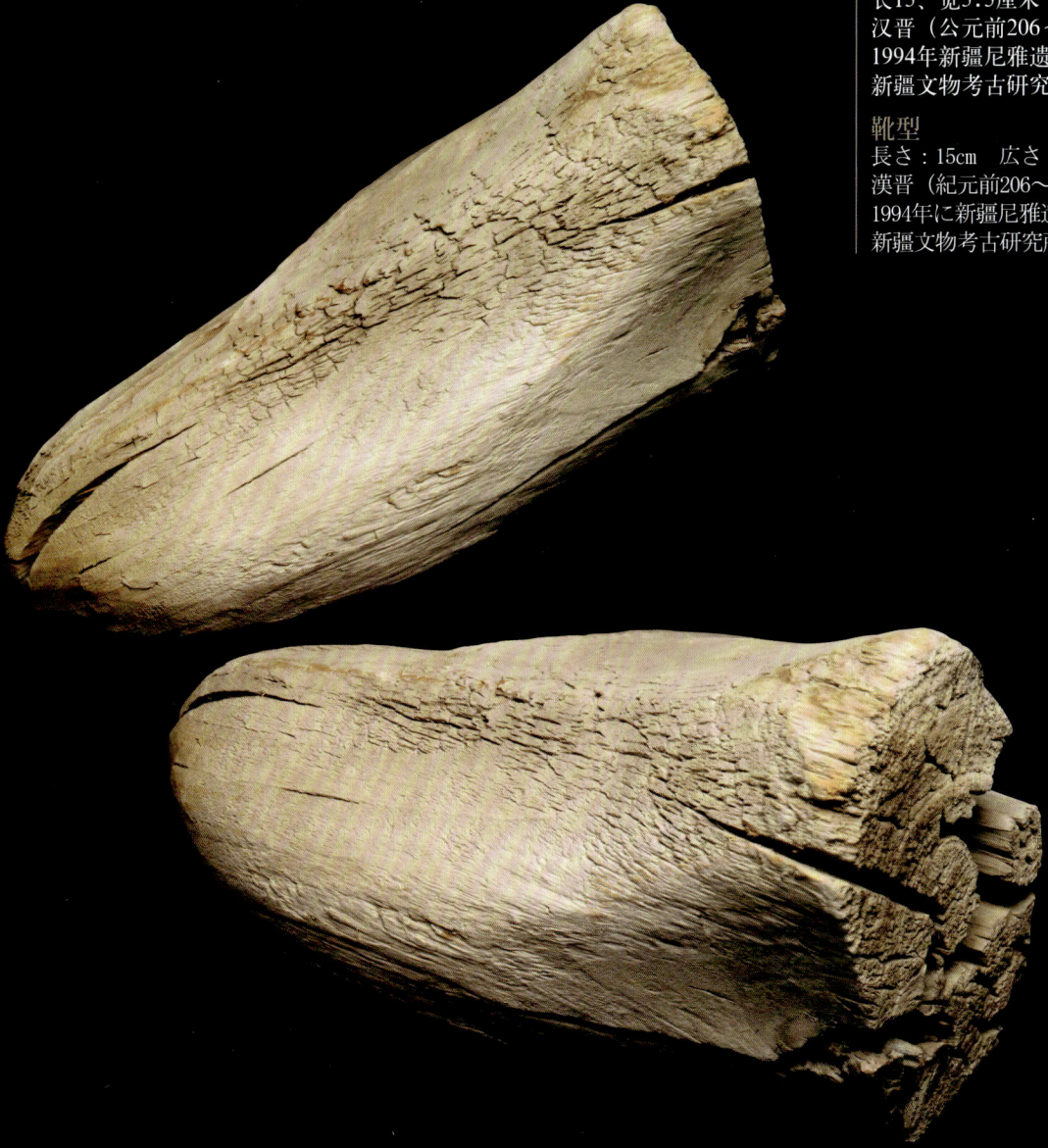

鞋楦
长15、宽5.5厘米
汉晋（公元前206～公元420年）
1994年新疆尼雅遗址出土
新疆文物考古研究所藏

靴型
長さ：15cm　広さ：5.5cm
漢晋（紀元前206～紀元420年）
1994年に新疆尼雅遺跡で出土した
新疆文物考古研究所所蔵

木质，已干裂。楦是制鞋时固定鞋型用的重要器具。据截至目前的考古调查与发掘看，鞋楦在新疆尼雅遗址多有发现，保存状况基本相似，它们表明当时居住与生活在这里的居民手工业已很发达，制鞋也步入极为规范的阶段。

　生地が木で、すでにほつれた。靴を作るとき、形を定めることに対して重要な道具である。今までの考古調査と発掘によると、尼雅遺跡で数件の靴型が出土して、保存の状況は基本的に同じだそうだ。当時ここで居住と生活していた居民は手工業がよく発達して、靴を作るのも規範な段階に入った。

尼雅遗址
尼雅遺跡

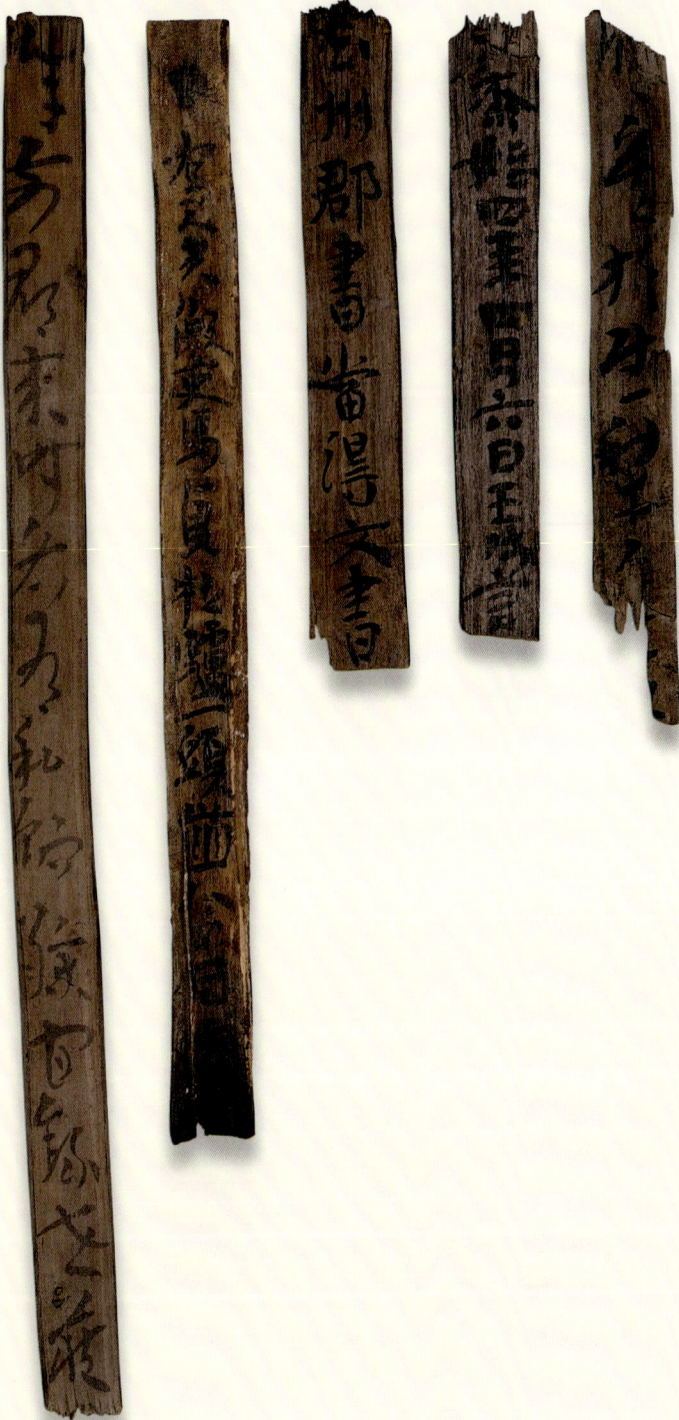

汉文木简
长9～19、宽1.1～1.4厘米
汉晋（公元前206～公元420年）
1980年新疆若羌楼兰故城出土
新疆文物考古研究所藏

漢文木簡
長さ：9～19cm　広さ：1.1～1.4cm
漢晋（紀元前206～紀元420年）
1980年に新疆若羌楼蘭故城で出土した
新疆文物考古研究所所藏

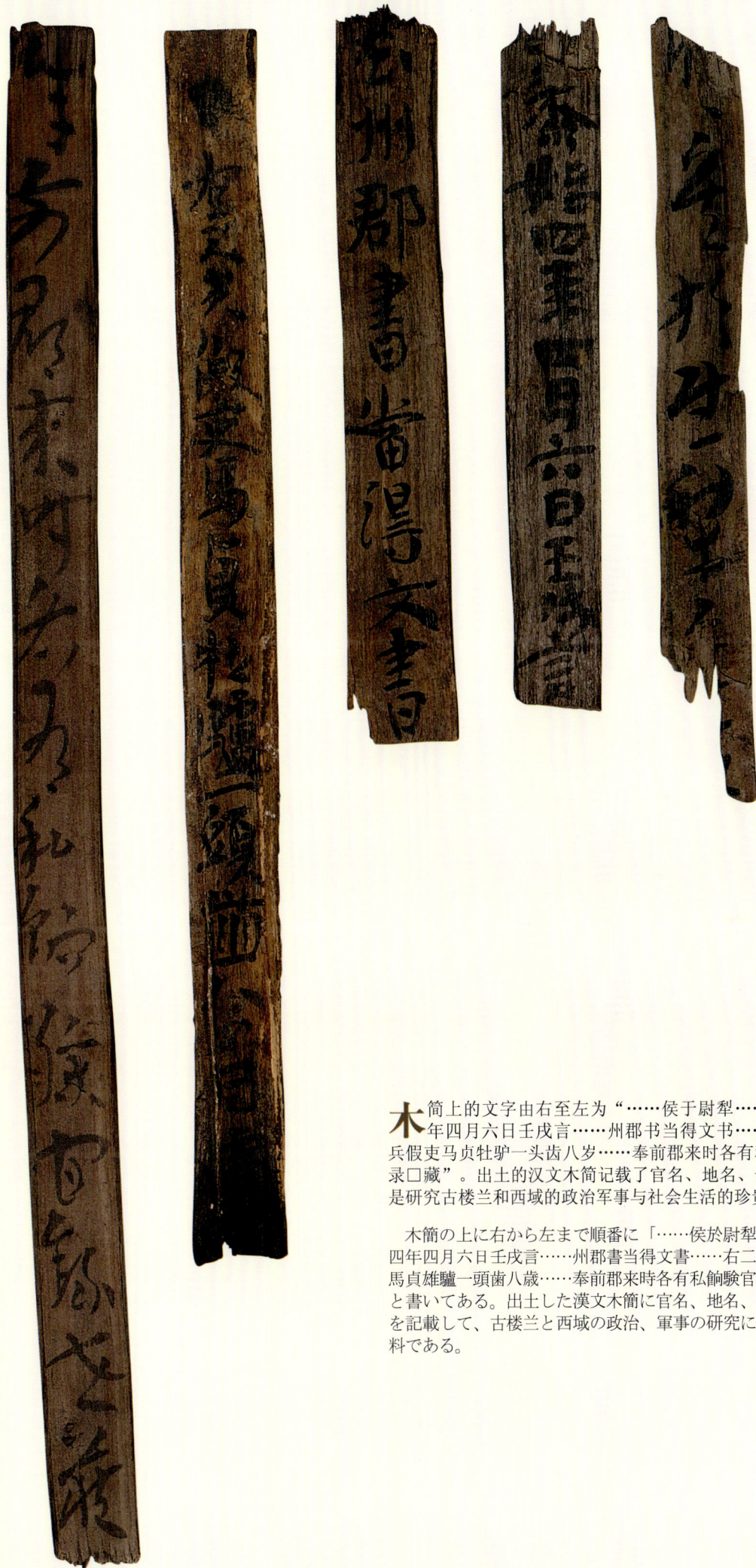

木简上的文字由右至左为"……侯于尉犁……泰始四年四月六日壬戌言……州郡书当得文书……右二人兵假吏马贞牡驴一头齿八岁……奉前郡来时各有私饷验官录□藏"。出土的汉文木简记载了官名、地名、命令等，是研究古楼兰和西域的政治军事与社会生活的珍贵资料。

木簡の上に右から左まで順番に「……侯於尉犁……泰始四年四月六日壬戌言……州郡書当得文書……右二人兵假吏馬貞雄驢一頭歯八歳……奉前郡来時各有私餉驗官錄□藏」と書いてある。出土した漢文木簡に官名、地名、命令などを記載して、古楼兰と西域の政治、軍事の研究に大切な資料である。

弩机
机身长10.6、扳长17、宽4.2厘米
汉晋（公元前206～公元420年）
1988年新疆若羌楼兰墓地出土
新疆文物考古研究所藏

弩機
機の長さ：10.6cm　正長の長さ：17cm　広さ：4.2cm
漢晋（紀元前206～紀元420年）
1988年に新疆若羌楼蘭墓地で出土した
新疆文物考古研究所所蔵

弩机是弩上安装的机械发射装置，用铜铸造，各部件分别制成后旒、铆合一整体。上有钩牙，下有长柄悬刀，外部铆合有廓，廓顶面有箭槽。弩是一种远射兵器，具有较大的杀伤力。

弩機は弩にインストールしている機械の発射装置で、銅で鋳造されて、各部品は旗脚にして、リベットで一体にする。上に鉤があって、下に長い柄の懸刀があって、外部にリベットの輪郭があって、輪頂上に矢槽がある。弩は遠距離射撃兵器で、比較的な殺傷力がある。

楼兰遗址位于新疆巴音郭楞蒙古自治州若羌县罗布泊西北岸，处在历史上塔里木河与孔雀河的冲积平原上。古楼兰城在魏晋及前凉时期是西域长史治所，平面略呈方形。城内曾建有佛塔、衙署等大型建置，出土遗物除汉文和佉卢文文书外，还有丝、毛、麻、棉织物，以及五铢钱、漆木制品、文具、佛像、渔猎及日常工具等。这里曾是通往西域南路的必经之地，是丝绸之路上的一颗闪亮明珠。

楼蘭遺跡は新疆巴音郭楞モンゴル自治州若羌県ロプノール北西岸に位置して、歴史上のタリム河と孔雀川の衝撃平野にある。古楼蘭城は魏晋及び前涼時期に西域の長史治所で、平面はやや正方形をしている。城の奥に仏塔、官衙などの大型の建物を建築したことがあって、出土した遺物は漢文、カロシュティー文字文書のほか、シルク、毛、痲、綿の織物、そして、五銖金、漆木制品、文房具、仏像、漁猟や及び日常ツールなどがある。ここは西域南路への通り道で、シルクロードの1粒の光る真珠であった。

楼兰故城房屋遗迹
楼蘭故城家屋遺跡

动物纹绦裙（复制品）
腰宽46、长114、宽145厘米
汉（公元前206～公元220年）
1984年新疆和田山普拉古墓出土
新疆维吾尔自治区博物馆藏

動物紋スカート（複製品）
腰の広さ：46cm　長さ：114cm　広さ：145cm
漢（紀元前206～紀元220年）
1984年に新疆和田山普拉古墓で出土した
新疆ウィグル自治区博物館所蔵

上部为动物缀织纹，由绿、棕、红、黄等色组
成。下部为红色裙边，裙摆为斜边。动物纹
是山普拉出土织物图案中的突出主题纹饰，这从某
种角度反映出山普拉地区发达的畜牧业，以及人们
祈求国泰民安的愿望。

　上部は動物綴織紋で、緑、棕、赤、黄などの色か
ら構成される。下の部分は赤い裾で、斜めの裾であ
る。動物紋は山普拉で出土した織物の中に主題をは
っきりしている柄飾りで、ある角度から、山普拉の
発達な牧畜業と国が泰平で、民が平安という人民の
要望を反映した。

山普拉墓地出土大量厚薄不等的毛织物缝制的服饰，如长外衣、短上衣、裤、裙、帔巾、帽、毡袜等，衣着原料均为毛织物，这是其中一件。通过这些衣物可使我们对当时人们物质文化、生活习俗有个初步的认识。

山普拉古墓で出土した縫う服は大量の厚い、薄いなど毛布の織物である。例えば：長いコート、短いコート、ズボン、スカート、帔布、帽子、フェルトの靴下などの着る原料は毛の織物である。これはその一つである。この衣類によって当時の人たちの物質文化、生活習俗に初歩の認識ができる。

毛布套头衣（复制品）
通袖长212、衣长110、宽116厘米
汉（公元前206～公元220年）
1984年新疆和田山普拉古墓出土
新疆维吾尔自治区博物馆藏

毛布セーターブラウス（複製品）
全部の袖の長さ：212cm　服の長さ：110cm
広さ：116cm
漢（紀元前206～紀元220年）
1984年に新疆和田山普拉古墓で出土した
新疆ウィグル自治区博物館所蔵

夹砂红陶。直口，斜沿，短颈，鼓腹，平底，腹部两侧各三个系耳，腹部有两道双线组成的弦纹。库车友谊路砖室墓的发现，对于认识晋十六国时期中原王朝经营西域的历史具有重要价值。

砂を含める赤陶である。直口、斜め縁、短い首、ドラム腹、フライパン、腹の両側に別々に耳が三つつけていて、腹に複線から構成する弦紋が二重ある。庫車友誼路での発見は晋十六国時期に中原王朝が西域を経営する歴史を認識するのに重要な価値がある。

六乳突陶罐
高13、口径7.5厘米
晋十六国（265～420年）
2007年新疆库车友谊路砖室墓出土
新疆文物考古研究所藏

6つの乳が突出する陶罐
高さ：13cm　口径：7.5cm
晋十六国（265～420年）
2007年に新疆庫車友誼路砖室墓で出土した
新疆文物考古研究所所蔵

丝路汇奇珍

シルクロードに珍奇が集まる

东汉末年中原地区内乱纷争迭起，为避战乱许多汉人陆续西迁来到西域，交河、高昌成为他们落脚的第一站，他们带来的生产技术和儒家思想文化很快在这里落地生根，并与当地其他民族文化相互吸纳融合发展。来自西部罗马、波斯、中亚、南部印度的各种文明因素也继续向西域汇合，从而使这里成为世界各大文明精粹汇集的熔炉。从此，开放吸纳、融合发展成为西域丝绸之路东端高昌地区的文化传统。吐鲁番阿斯塔纳古墓群作为收藏丝路多元文化的地下宝藏，为我们提供了诸多实物见证。

東漢の末に中原地区で内乱と紛争が相次いで起こって、多くの漢人は戦乱を避けるために続々と西へ遷移して西域に来た。交河と高昌は彼らが泊まる最初のところになった。彼らがもたらした生産技術と儒家思想はすぐにここで根をはってきて、地元での他民族文化と吸い合って、融合して、発展してきた。西のローマ、ペルシャ、中央アジア、南のインドから様々な文明要素も西域に合流し続けて、そこで、世界各文明の精粋はここで集まった。それで、開放吸収、融合発展はシルクロードの東端にある高昌地区の伝統文化となった。トルファンアスタナ古墳群はシルクロードの多元文化を収蔵する地下資源として、実物の証を提供してくださった。

❶ 四海奇珍广流通

四海の珍しい宝物が広く流通している

　　唐朝的大一统进一步促进了丝绸之路的发展繁荣，中国与东罗马帝国、波斯萨珊王朝以及后来阿拉伯帝国的贸易往来不断加强。世界各大文明区域的货币随着各种珍奇商品的流通汇集到西域各地。西域各地出土的开元通宝、波斯银币和东罗马金币等中外货币，见证了西域地区作为丝路贸易重要枢纽所发挥的作用。

　　唐朝の統一はさらにシルクロードの発展と繁栄を促進した。中国は東ローマ帝国、ペルシャサーサーン朝及びその後のアラブ帝国との貿易往来が多くなり続けた。世界の各文明地域の貨幣は珍奇商品につれて、西域各地に集まった。西域各地で出土した開元通宝、ペルシャローマ銀貨と東ローマ金貨などの国内外の貨幣は西域地区がシルクロードの重要な枢として発揮した作用を証明した。

童子图
童子怀抱来自拂菻的卷毛小狗。

童子図
　童子は拂菻からの天然パーマの子犬を抱いている。

铢是古代一种计量单位，二十四分之一两为一铢。五
铢钱奠定了中国圆形方孔的传统，是中国钱币史
上使用时间最长的货币，也是用重量作为货币单位的钱
币，在货币发展史上起到了一定的影响。

　铢は古代の計量単位の一つで、一両の二十四分の一は
铢である。五铢金は中国の円形方孔の伝統貨幣の基礎に
なる。貨幣史上で流通時間が一番長い貨幣である。重さ
を貨幣の単位としての貨幣で、貨幣の発展史で一定の影
響をもたらした。

剪轮五铢钱
直径2.5、内孔边长0.95厘米
汉晋（公元前206～公元420年）
1980年新疆若羌楼兰故城出土
新疆文物考古研究所藏

剪輪五銖金
直径：2.5cm　中の孔の長さ：0.95cm
漢晋（紀元前206～紀元420年）
1980年に新疆若羌楼蘭故城で出土した
新疆文物考古研究所所蔵

五铢钱
直径2.3、内方孔边长1.1厘米
汉晋（公元前206～公元420年）
1980年新疆若羌楼兰古城出土
新疆文物考古研究所藏

五銖金
直径：2.3cm　中の孔の長さ：1.1cm
漢晋（紀元前206～紀元420年）
1980年に新疆若羌楼兰古城で出土した
新疆文物考古研究所所蔵

五铢钱
直径2.6厘米
南北朝（420～589年）
1966年新疆吐鲁番阿斯塔那62号墓出土
新疆维吾尔自治区博物馆藏

五銖金
直径：2.6cm
南北朝（420～589年）
1966年に新疆トルファンアスタナ62番の
墓で出土した
新疆ウィグル自治区博物館所蔵

唐 武德四年（621年）始铸，有金、银、铜等材质，以铜质最为普遍，是唐朝主要的流通货币，不仅宣告了自秦以来流通达八百年的铢两货币的结束（标志着五铢钱的结束），还对后世铸钱的形制、钱文模式和十进位衡法等方面产生重要的影响。

唐武德四年（621年）鋳造し始めて、金、銀、銅などの生地で、銅の生地が一番普通的で、唐朝はに主な流通していた貨幣であった。秦以来流通していた800年間の铢両が単位としての通貨時代が終わったと宣告するだけでなく（五铢金の終わりを標記した）、後世の貨幣を鋳造する形や貨幣モデルや度量衡などの方面に重要な影響をもたらした。

开元通宝
直径2.5厘米
唐（618～907年）
新疆伊宁县征集
新疆维吾尔自治区博物馆藏

開元通宝
直径：2.5cm
唐（618～907年）
新疆伊寧県で集まった
新疆ウィグル自治区博物館所蔵

波斯银币
直径3厘米
唐（618～907年）
1959年新疆乌恰县出土
新疆维吾尔自治区博物馆藏

波斯銀貨
直径：3cm
唐（618～907年）
1959年に新疆乌恰県で出土した
新疆ウィグル自治区博物館所蔵

公 元226年波斯萨珊王朝创立者阿尔达希尔一世(Ardashir I)始铸，两面都用模子打压成花纹，正面是国王侧身像，周缘为一圈钵罗婆文的铭文。背面联珠纹边框正中是祆教(拜火教)的祭坛，自沙普尔一世（Shapur I）始，祭坛左右各立一侍从。萨珊王朝在魏晋南北朝时期已与中国往来频繁。波斯银币广泛分布丝路沿线附近，尤以吐鲁番地区和西安、洛阳最为集中、丰富，对研究中国与波斯的交通贸易提供了重要线索。

　紀元226年にペルシャサーサーン朝の創立者である阿尔達希尔一世（Ardashir I）は鋳造し始めて、両面とも模型で打って押して花紋になり、正面は国王の側面像で、周縁は一周の鉢羅婆文の銘文である。背は繋がる珠紋の框の真ん中にある襖教（拝火教）の祭壇である。沙普尔一世（Shapur I）から、祭壇の左右に別々に侍従が立ってきた。サーサーン朝は魏晋南北朝時期に中国と頻繁に往来していた。波斯銀貨はシルクロードの沿線のあたりに分布していて、特別、トルファン地区、西安、洛陽には一番集中して、豊富で、中国と波斯の交通貿易の研究には、重要な手がかりを提供していた。

东罗马金币
直径1.4厘米
唐（618～907年）
1973年新疆吐鲁番阿斯塔那191号
墓出土
新疆维吾尔自治区博物馆藏

東ローマの金貨
直径：1.4cm
唐（618～907年）
1973年に新疆トルファンアスタナ
191番の墓で出土した
新疆ウィグル自治区博物館所蔵

东罗马帝国君士坦丁大帝进行币制改革，正面为东罗马皇帝肖像，头戴盔，身着盔甲，肩扛一短矛，王像的面目清晰。这枚金币的重量较真币轻，为当时的仿制品。从上面的穿孔看，它可能曾作为悬系或缝缀的装饰品被使用过，后随葬在阿斯塔那的这座唐墓里。阿斯塔那墓地出土了多枚东罗马金币及其仿制品，发现时大都置于死者眼部或口中。死者口中含钱的习俗当与中原文化一脉相承，据说这样可使尸体不朽。拜占庭东罗马帝国自南北朝时期便与中国发生了频繁往来。据考古资料，中国丝路沿线附近十几处地点东罗马金币等遗物的发现，证实了当时中西交通往来的顺畅和唐朝与东罗马帝国交流的频繁。

東ローマ帝国のコンスタンチヌス大帝は幣制を改革した。正面は東ローマの皇帝の肖像で、鎧かぶとをかぶって、鎧を着て、短い矛を担いで、王像の顔がはっきりしている。この金貨は本物より軽くて、当時の偽物である。穿孔からみると、掛けるものと縫うものの飾りとして使われたかもしれない。その後、アスタナの墓地で葬られた。アスタナの墓地で多数の東ローマの金貨と偽物が出土した。死者の目と口の中に置いてあると発見された。死者の口に金貨を置くと死体が永遠に腐らないになれると言われた。この風俗は中原文化と気脈を通ずっていた。ビザンチン東ローマ帝国は南北朝時代から中国と頻繁に往来していた。考古資料によると、中国のシルクロードの沿線の近くに東ローマの金貨などの遺物がある場所が数十個あって、東と西の交通往来が順調で、唐と東ローマ帝国の交流が頻繁だったと証明した。

中国文献中对东罗马帝国的不同称谓

中国文献	对东罗马帝国的称谓
《魏书·高宗纪》、《显祖纪》	普岚
《北史·西域传》	伏卢尼
《大唐西域记》、《法苑珠林》	拂懔
《往五天竺国传》	大拂临
《经行记》、《隋书》、《旧唐书》	拂菻
《元史·爱薛传》	拂林、弗林
《明史》	佛郎机

中国文献の中に東ローマ帝国の様々な呼び方

中国文献	東ローマ帝国の呼び方
『魏書·高宗紀』、『顕祖紀』	普嵐
『北史·西域伝』	伏盧尼
『大唐西域紀』、『法苑珠林』	払懔
『往五天竺国伝』	大払临
『経行紀』、『隋書』、『旧唐書』	払菻
『元史·愛薛伝』	払林、弗林
『明史』	払郎機

❷ 儒风汉俗驻西州

儒風と漢風俗が西州に至る

　　汉代以来中国内地与西域地区的交往，使汉文化的积淀在西域日益深厚。唐朝统一西域后把高昌改为大唐的一个行政区域——西州。这里出土了许多汉文文献，如《孝经》、《礼记》、《尚书》等儒家经典。而当地居民的日常生活也因之而受到影响，饮食器皿、服饰装饰等涌现出新的风格，反映了汉文化的传播与发展。同时，丝路贸易的繁荣也继续为文化交流提供动力。通过丰富多彩的出土文物，我们得以一窥彼时社会发展的轨迹。

　　漢代以来、中国の奥地は西域地区と往来して、漢文化の沈積は西域への影響は日増しに厚くなる。唐朝は西域を統一した後で高昌を行政区域に改めて、高昌は西州になる。ここでたくさんの漢文文献が出土して、例えば、『孝経』、『礼記』、『尚書』などの儒家の経典である。地元の居民の日常生活もそれにつれて影響をうけて、飲食食器、服装装飾などは新しい風格が湧いてい、これも漢文化の伝播及び発展を反映した。同時に、頻繁なシルクロードの貿易は文化交流に動力を供給した。出土した豊富な文物を通して、その時代の社会発展の軌跡が知られる。

　　阿斯塔纳216号墓后壁上的六屏式《鉴诫图》，以生动的绘画形式突出宣扬了中国儒学的伦理道德思想。

　　アスターナ216番の墓の後壁での六幅のびょうぶからの『鑑誡図』は、生き生きとした絵画の形式で中国の儒学の論理道徳思想を宣揚している。

　　《树下美人图》为新疆阿斯塔那古墓出土的纸本屏风画。纸本，设色。画面上一体态丰满的女子，着长裙披帛，全身敷以朱色。她右手执胸前披帛，左手轻挽帛端，神态自然娴静。其后右侧有一着蓝衣麻鞋的女侍，操手胸前，转首回顾。此图虽线条简率，设色单纯，但披帛细薄透明的质感依然被表现出来。人物的发式装束都颇具典型的唐代特征。此画现藏于日本热海美术馆。在日本东京国立博物馆也藏有一幅唐人绘制风格类同的《树下美人图》。

　　『木の下の美人図』は新疆アスターナ古墓で出土した紙本のびょうぶ絵である。紙本で、着色である。画面には豊満な女子が一人、ロングスカートを着て、帛をかけ、全身が朱色だらけである。彼女は右手が胸の帛をつかまって、左手が帛の端を軽く引いて、表情が自然でしとやかである。彼女の右側に青い服で、麻の靴を履いている侍女がいて、侍女は両手が胸に組んで、振り返って見ている。この絵は線条が簡単で、着色がシンプルだが、帛の細薄く透明な質感が表現された。人の髪形も、格好も極めて唐代らしい特徴である。この絵は今日本の熱海美術館で珍蔵されている。日本の東京国立博物館にも『木下の美人図』に似ている唐人がら描いた同じスタイル絵も珍蔵されていている、。

剪纸（复制品）
直径25厘米
南北朝（420～589年）
1967年新疆吐鲁番阿斯塔那88号墓出土
新疆维吾尔自治区博物馆藏

切り紙（複製品）
直径：25cm
南北朝（420～589年）
1967年に新疆トルファンアスタナ88番の
墓で出土した
新疆ウィグル自治区博物館所蔵

圆形，中央为八瓣心，外围为菱形纹、花卉纹饰，外圈为锯齿纹。剪纸是一种镂空艺术，在视觉上给人以透空的感觉和艺术享受。其载体可以是纸张、金银箔、树皮、树叶、布、皮、革等片状材料。早在汉、唐时代，民间妇女即有使用金银箔和彩帛剪成花鸟贴上鬓角为饰的风尚。后来逐步发展成为民间习俗，在节日中，用色纸剪成各种花草、动物或人物故事，贴在窗户上叫"窗花"、门楣上叫"门签"。有些也可以作为礼品装饰或刺绣花样使用。

　円形で、中央は8つの花弁で、外郭は菱紋で、花紋で、外側は鋸歯状である。切紙は透かし彫りの芸術で、視覚的には、人に透かし彫りな感じと芸術の享受をもたらす。生地は紙、金銀箔、樹皮、葉、布、皮、革などの片状の材料である。早くも漢、唐の時代に、民間の婦人たちが金銀箔、彩箔を花、鳥の形に切って、鬢に貼って、飾りになるのは気風である。その後、徐々に民間の習俗になる。祭りに、色紙を花草、動物、人物の形に切って、窓に貼るのは「窓花」と呼ばれて、ドーアに張るのは「門簽」と呼ばれる。ある人はこれをお土産の装飾、刺繍の図柄として使われている。

泥制红陶，轮制，侈口，矮束颈，削肩，直腹，平底。口部涂红，罐体黑底，白点相连组成俯、仰莲瓣纹各一组，上下两组莲瓣纹之间以横向圆点纹间开。联珠纹源于波斯萨珊，6世纪中期出现在中国。在吐鲁番阿斯塔那墓葬出土的丝织物上也大量出现。

泥作りで赤陶で、輪制、残口、低い束首、削る肩、直腹、フライパンである。口が赤にされて、罐の体が黒い底で、白点につながって、仰ぐ蓮華の花弁と俯く蓮華の花弁は別々に1組ある。上下の2組の蓮華の花弁の間に円点が横に並べている。联珠紋は、ペルシャサーサーンから起源して、6世紀中期に中国で現れて、トルファンアスタナ墓地で出土したシルク織物中に多く見られた。

彩绘陶罐
高20、口径8.8厘米
麴氏高昌（502～640年）
1966年新疆吐鲁番阿斯塔那50号墓出土
新疆维吾尔自治区博物馆藏

彩絵陶罐
高さ：20cm　口径：8.8cm
麴氏高昌（502～640年）
1966年に新疆トルファンアスタナ50番の墓で出土した
新疆ウィグル自治区博物館所蔵

唐永淳二年张欢夫人麴连墓志
长33.5、宽33.1、厚4厘米
唐永淳二年（683年）
1969年新疆吐鲁番阿斯塔那117号墓出土
新疆维吾尔自治区博物馆藏

唐永淳二年張歡奧樣麴連の墓誌
長さ：33.5cm　広さ：33.1cm　厚さ：4cm
唐永淳二年（683年）
1969年に新疆トルファンアスタナ117番の
墓で出土した
新疆ウィグル自治区博物館所蔵

长方形，墓志文共有163个字。麴连为高昌伪左卫大将军麴陁之女。该墓志铭的内容中提到了官吏名称"大唐伪吏部侍郎"、"高昌伪左卫大将军"，对于研究唐代麴氏高昌的官吏制度提供了材料。此墓志使用楷书撰写，文字清晰、工整，反映了当时西域居民的书法艺术达到了相当高的水平。

長方形をしていて、墓誌文に文字が163字ある。麴連は高昌偽左の大将軍の娘であった。この墓誌文に「大唐偽吏部侍郎」「高昌偽左衛大将軍」というのは書いて、唐代麴氏高昌の役人制度を研究するのに材料を提供した。この墓誌文はきちんと書いた楷書、文字もはっきりして、当時の西域の居民は書道芸術がなかなか高いレベルに至ったのを反映した。

也積善無徵奠楹入夢粤以永淳二年正月
五日嬰疾奄然物化春秋八十有七以其年
歲次癸未二月己未朔廿四日壬午窆之於城
北原舊兆礼也嗚呼哀哉迺爲銘曰
嬋媛淑質肅穆風神光浮月宇影泛星
津算年訓誡伉儷承賓三從克順八敬
方申氣序遄謝年臨傷人塋藏匪固臺

角梳
长3.9、宽5.5、厚0.3厘米
唐（618～907年）
1968年新疆吐鲁番阿斯塔那104号墓出土
新疆维吾尔自治区博物馆藏

角櫛
長さ：3.9cm　広さ：5.5cm　厚さ：0.3cm
唐（618～907年）
1968年に新疆トルファンアスタナ104番の
墓で出土した
新疆ウィグル自治区博物館所蔵

用动物的角削刻、打磨而成，梳柄呈圆弧形，共50齿，存48齿，齿长2.6厘米。

動物の角を刻んで、磨いてなる。櫛の柄が弧状で、歯が50つあって、48つ残って、歯の長さが2.6cmである。

网帻
高9、宽14厘米
唐（618～907年）
1966年新疆吐鲁番阿斯塔那43号墓出土
新疆维吾尔自治区博物馆藏

網帻
高さ：9cm　広さ：14cm
唐（618～907年）
1966年に新疆トルファンアスタナ43番の
墓で出土した
新疆ウィグル自治区博物館所蔵

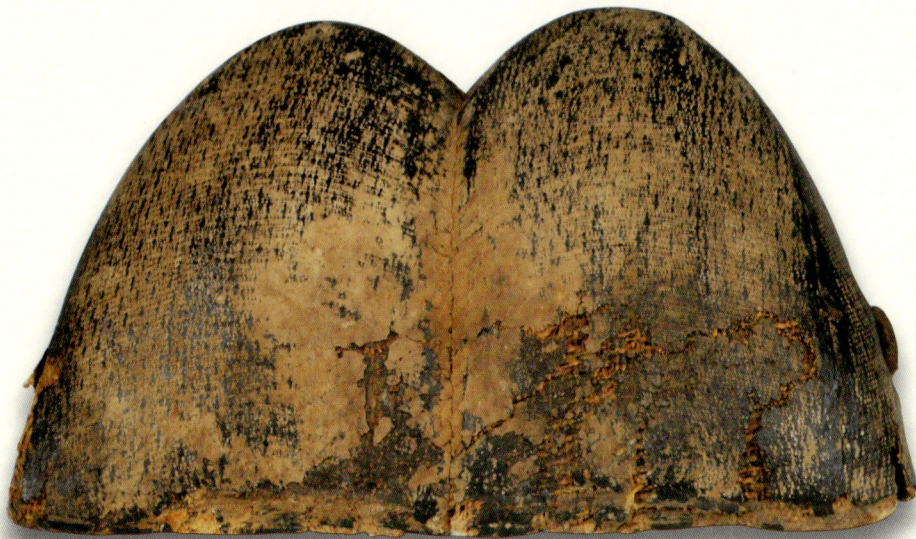

网帻又叫"巾子"，是裹在一种特有的首服幞头中用以固定发髻的饰物，唐代十分流行佩戴。该网帻呈双髻装，以麻胶为原料，编织成网状后用骨胶涂刷成型，表面涂黑漆，内有铁簪。网帻下脸两侧上端有双孔，以便簪子穿过固定在发髻上。网帻上的小孔既有通风透气的作用，又增加了它的美观，是一件很有文化特点的珍贵藏品。

　網帻は「巾子」とも呼ばれ、特有の初着の包み頭での髪型を固めるのに使われる飾りである。唐代にとても流行っていた。この網帻は両髻で、膠を原料として、網状を織って、膠でブラッシングしてなる。表面に黒い漆を塗って、中に鉄の簪がある。網帻の下、顔の両側に二つの穴があって、簪がその穴を通して、髻に固める。網帻にある穴は空気を入れ替える作用があるだけではなく、美しさも増加する。文化特徴に富む珍奇な物である。

正面
表

眼罩
长17、宽6厘米
唐（618～907年）
1964年新疆吐鲁番阿斯塔那5号墓出土
新疆维吾尔自治区博物馆藏

アイマスク
長さ：17cm　広さ：6cm
唐（618～907年）
1964年に新疆トルファンアスタナ5番
の墓で出土した
新疆ウィグル自治区博物館所蔵

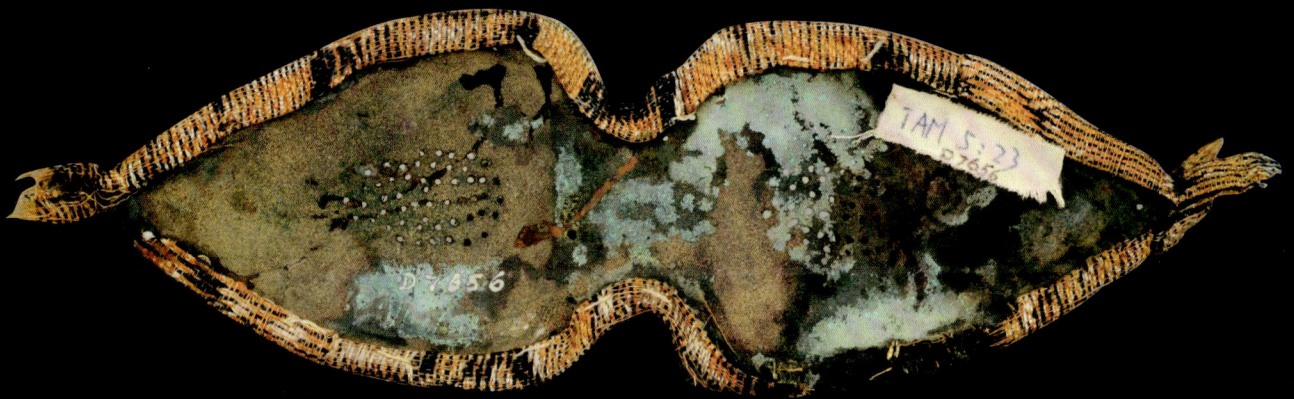

背面
裏

以铜片模范打制成型，出土时置于死者眼部。眼罩的边缘钻有一圈小孔，用以缝缀或棉、或麻、或丝、或绢、或锦等织物装饰。在其中央部位锥刺有细小的孔洞，既可辨视外界东西，又可避挡风沙。

　銅塊の模範を打ってなる。出土した時にアイマスクが死者の目部に置いてあった。綿、麻、シルク、絹、錦などの織物装飾を縫うのに、アイマスクの縁に穿孔が一週ある。中央の部分に細い穴が錐刺されていた、外界のものを見るのはむるん、風と砂を遮ることもできる。

伏羲女娲图（复制品）
长250、宽116厘米
唐（618～907年）
1964年新疆吐鲁番阿斯塔那古墓出土
新疆维吾尔自治区博物馆藏

伏義と女媧図（複製品）
長さ：250cm　広さ：116cm
唐（618～907年）
1964年に新疆トルファンアスタナ古
墓で出土した
新疆ウィグル自治区博物館所蔵

彩绘人首蛇身。男女二人，以手搭肩相依，蛇尾相交。左面的伏羲左手执矩，右手执墨斗；女娲右手执规。二人穿圆领宽袖花衣，共穿云纹裙。上方中间绘太阳，下方绘月亮。中国古代有"天圆地方"之说。女娲所执规以象征天，伏羲所执矩以象征地。伏羲女娲是我国神话传说中人类的始祖神，相传人类是由伏羲和女娲兄妹相婚产生。因此，古人喜欢在宫殿或墓室中描绘这类传说故事。

彩絵は人の首と蛇の体から構成される。男女二人で、手が肩にかけて頼り合っていた、蛇の尾が交差してある。左の伏義は左手が矩を上げて、右手が墨池を持ってある。女媧は右手が規を持ってある。二人は丸襟で広袖の花衣を着て、曇紋のスカートを共に穿いている。上の真ん中に太陽が描かれて、下に月が描かれてある。我が国は古代から「天が丸く、地が方形である」という言い方がある。伏義は矩を上げるのを地に象徴している。伏義と女媧は我が国の神話伝説で人類の始祖である。兄妹としての伏義と女媧は結婚して、人類を生まれるそうだ。それで、古人は宮殿や墓室でそのような伝説物語を描くことが好きだ。

仕女弈棋图（复制品）
长60、宽70厘米
唐（618～907年）
1972年新疆吐鲁番阿斯塔那187号墓出土
新疆维吾尔自治区博物馆藏

美人囲碁図（複製品）
長さ：60cm　広さ：70cm
唐（618～907年）
1972年に新疆トルファンアスタナ187番の
墓で出土した
新疆ウィグル自治区博物館所蔵

绢本。也称《弈棋图》，已残损，仅能看到其中一位弈棋妇女的形貌。图中弈棋妇女头梳发髻，发髻中点缀有向四周作辐射状的花饰，额头饰花钿，眉毛又黑又粗。上身穿蓝白印花的宽大绯色上衣，绯色的上衣中还挂有透明的白纱，残存的下身似穿一条绿色裙子。端坐在围棋盘前，右手腕佩戴手镯，中指和食指夹着一枚棋子，正步入棋盘。图中妇女浓妆艳丽，肌肤丰腴。其风格为工笔重彩，描绘工细，刻画的人物形象生动、逼真，充分体现了盛唐时期绘画艺术的特点。这幅《弈棋图》不仅为中国绘画史的研究增加了可靠的实物资料，而且也为围棋史的研究提供了珍贵资料。

絹本である。『碁を打つ図』とも呼ばれる。もう壊れたので、碁を打っている婦人一人の様子だけ見られる。図の婦人は額が花鈿に飾られて、眉が黒く太い。青と白のプリントの寛大の緋色の上着を着て、上着の中に透明な白い紗を掛けていて、残っている下半身は緑のスカートを穿いているようである。棋盤の前にきちんと座っていて、右の腕にブレスレットをしめて、中指と人差し指が碁を一枚挟んで、棋局に入れそうな様子をしていた。絵中の婦人は濃い化粧をして、肌が豊満である。重彩の密画と精巧な描き方は風格である。描いてある人物イメージが生き生きとして、迫真であるのは盛唐時期の絵画技術の特徴を充分に体現した。この絵は絵画史を研究するのに頼もしい実物資料を増すだけでなく、碁史を研究するのにも大切な資料を供給する。

彩绘武士泥俑（复制品）
通高28、底座6.5厘米
唐（618～907年）
1972年新疆吐鲁番阿斯塔那187号
墓出土
新疆维吾尔自治区博物馆藏

彩絵武士泥俑（複製品）
通体の高さ：28cm　台座：6.5cm
唐（618～907年）
1972年に新疆トルファンアスタナ
187番の墓で出土した
新疆ウィグル自治区博物館所蔵

为泥塑彩绘。武士头戴兜鍪，身穿长及膝部的铠甲，双手合于胸前握紧，作执兵器状，显得威风凛凛。唐代十分重视铠甲，唐代的铠甲形制多样，据《唐六典》记载有十三种：即明光甲、缀鳞甲、山文甲、乌锤甲、白布甲、皂绢甲、布背甲、步兵甲、皮甲、木甲、锁予甲、马甲，主要供步骑兵使用。阿斯塔那出土这两件彩绘俑，为随葬仪仗俑之一，所穿的服装应是绢甲，主要表现墓主人生前的赫赫武功。绢甲是唐代战服中最有特色的服装。它是用绢帛之类的纺织品制成的铠甲，虽不及铁甲那样威猛，且不具有防御能力，但其造型美观、结构轻巧，多为武将平时服饰和侍卫服饰，以体现皇家军队的威仪。

　泥人形で、彩絵である。武士は兜をかぶって、膝までの鎧を着て、手を胸に合わせて、きちんと握って、兵器を握る様態をしていて、いかめしそうに見える。唐代は非常に鎧を重視して、鎧の形が沢山ある。『唐六典』によると、鎧が13類あって、すなわち、明光甲、綴鱗甲、山文甲、烏ハンマー甲、白い甲、石鹸絹甲、布背甲、歩兵甲、皮甲、木の甲、ロックの甲、ベストの交とです。主に歩兵と騎兵がに供給する。アスタナで出土したこの二つの彩絵俑は副葬の儀仗俑の一つで、衣装が絹甲のはずで、主に墓の主人が生前の輝かしい武勲を表現した。絹甲は唐代の戦争服中でもっとも特色がある服装で、絹、帛などの織物で作った鎧で、鉄の鎧ほど勇猛に及ばなくて、防御機能を持っていないが、形がきれいで、結構が軽く、武将が平日の服装と近衛兵の服装になることが多く、皇家軍隊の威容を体現した。

彩绘泥塑高髻侍女头像（复制品）
通高16.5、长13.5、宽6厘米
唐（618~907年）
1972年新疆吐鲁番阿斯塔那188号墓出土
新疆维吾尔自治区博物馆藏

彩絵泥人形で高い髻の侍女頭像（複製品）
通体の高さ：16.5cm　長さ：13.5cm　広さ：6cm
唐（618~907年）
1972年に新疆トルファンアスタナ188番の墓で出土した
新疆ウィグル自治区博物館所蔵

头部用细泥捏塑而成，再施彩绘。溜肩，缺少四肢。面部刻画得十分精美。漆黑的头发盘成高髻，额际间用红彩四瓣花组成的花钿纹饰，粗细适中的弯弯眉毛下是一双丹凤眼。

　頭の部分は細かい泥で捏ねてなり、彩絵を施してある。なで肩で、四肢が不足する。顔の刻みが特別に精巧である。髪は真っ黒で、浅い。額には紅彩の四つの花弁から構成する花鈿紋に飾られる。太さが適切な撬眉の下に丹鳳の目である。

猪首人身俑（复制品）
高79厘米
唐（618～907年）
1972年新疆吐鲁番阿斯塔那215号墓出土
新疆维吾尔自治区博物馆藏

十二支俑　猪（複製品）
高さ：79cm
唐（618～907年）
1972年に新疆トルファンアスタナ215番の
墓で出土した
新疆ウィグル自治区博物館所蔵

也叫生肖猪俑。泥塑彩绘，为人身猪首俑，猪的头部写实又有适度的夸张，上身著橘黄色交领宽袖长衫，敞领右衽，领口、袖口及下摆边缘均镶以宝相花纹锦边，大袖衫下摆只及胯部，双手齐胸作恭揖状。下穿棕褐色地红蓝碎花纹长裙，裙长曳地。足穿方头鞋，站立于长方形底板上。猪首脖颈胸及双手均绘黑色彩。专家们认为我国生肖文化的形成，与动物崇拜有密切的关系。人类最初崇拜的是那些生活在人类周围与人类有密切关系的动物，如牛、马、羊、猪、狗、鸡等。远古人类的动物崇拜，是我们的祖先长期在社会生产和生活实践中所产生的感受和认识。

十二支豚俑とも呼ばれる。泥人形で彩絵で、豚の首と人の体俑で、豚の頭の部分は写実でありながらも適度な誇称である。交る襟、袖が広い、長いオレンジの服を着ている。開ける襟で右衽、襟口、袖口及び裾の縁に宝相模様の錦が嵌められている。大袖の裾はただ股間に至って、両手が胸の上に拱手の礼をする様子である。下は銅色の赤青小紋のロングスカートを着て、スカートの裾が地まで至って、四角の靴を履いて、長方形の床に立っている。豚の頭、首、胸、両手が黒彩が塗てある。専門家は我が国の十二支文化の形成は動物を崇拝することと密接な関係があると思っていた。最初、人類は人類の周囲に生活している動物、人類と密接な関係がある動物を崇拝していた。例えば：牛、馬、羊、豚、犬、鶏などである。古代の人類が動物を崇拝するのは、私たちの祖先が長時期に社会生産、生活実践中での感覚と認識である。

鸡首人身俑（复制品）
高78厘米
唐（618～907年）
1972年新疆吐鲁番阿斯塔那215号墓出土
新疆维吾尔自治区博物馆藏

十二支俑　鶏（複製品）
高さ：78cm
唐（618～907年）
1972年に新疆トルファンアスタナ215番の
墓で出土した
新疆ウィグル自治区博物館所蔵

也称生肖鸡俑，泥塑彩绘，硃磦涂冠并晕染面部。鸡冠略高，状似母鸡，细线勾画羽毛。该俑全身比例均匀适度，雕塑手法十分细腻，神态端庄肃穆，穿着的服饰是典型的中原汉服，衣纹线条流畅，彩绘精细，形象逼真，具有很强的写实韵味。从造型、服饰及花纹来看，该俑年代应在天宝（742～756年）年间，也应是盛唐时期的作品。考古资料表明，古代新疆也存在着生肖文化，新疆考古工作者在吐鲁番阿斯塔那唐墓中发掘出土了形貌怪异但栩栩如生的生肖鸡俑、生肖猪俑、生肖羊俑和生肖兔俑。这些生肖俑保存基本完好，兽首人身，泥塑，彩绘，穿着华丽的服饰，是研究新疆古代生肖文化重要的实物资料。

十二支鶏俑とも呼ばれる。泥人形で彩絵であって、朱磦でとさかを塗って顔面をぼかしている。鶏冠がやや高くて、雌の鶏ようである。細かい線で羽を簡単に描写する。この俑は全身の比率が適切で、作り手法が細かく、表情がしとやかで、厳かである。着っている服装が中原らしい漢服で、服紋の線条が流暢で、彩絵が精巧で、イメージが迫真で、写実の感じが強い。造形、服飾及び花紋からみると、この俑は天宝（742～756年）年間の、盛唐時期の作品でもある。考古資料によると、古代の新疆にも十二支文化が存在していたそうである。新疆の考古学者はトルファンアスタナ古墓で外形がおかしいがいきいきとした十二支鶏俑、十二支豚俑、十二支羊俑と十二支ウサギ俑を発見した。これらの十二支俑は基本的によく保存されて、獣の首と人の体で、泥人形で、彩絵で、豪華な服をきていて、新疆古代の十二支文化を研究するのに重要な実物資料である。

　　阿斯塔那古墓群位于新疆吐鲁番市阿斯塔那村北和哈拉和卓村东，长约5000米，宽约2000米，墓主人以汉族人为多数，兼有车师、匈奴等少数民族，是晋唐时期高昌城各阶层居民的公共墓地。中国新疆的考古工作者从20世纪50年代起，先后清理发掘了近五百座晋-唐时期的墓葬，出土了干尸、文书、墓志、俑类、铜器、陶器、木器、钱币以及丝棉毛织品等珍贵文物。阿斯塔纳古墓群堪称"高昌的历史活档案，吐鲁番地区的地下博物馆"，为研究吐鲁番地区晋至唐时期的政治制度、经济贸易、文化交流诸方面提供了难得可贵的实物。

　　アスターナ古墓群は新疆トルファン市アスターナ村の北とハラホージャ村の東に位置している。長さは約5キロメートルで、広さは約2キロメートルで、墓の主人は漢族の人が多数で、車師、匈奴などの少数族を兼ねていた。晋、唐時期に高昌城の各階段の居民の公共な墓地であった。中国新疆の考古学者は20世紀50年代から、前後晋、唐時期の墓をやく500個発掘した。ミイラ、文書、墓誌、俑類、青銅器、陶器、木器、通貨及びシルク、毛織物などの珍奇な文物が出土した。アスターナ古墓群は「高昌の歴史の生きているファイルで、トルファン地区の地下博物館である」と呼ばれる。トルファン地区の晋、唐時期の政治制度、経済貿易、文化交流などの方面に有難い実物を提供する。

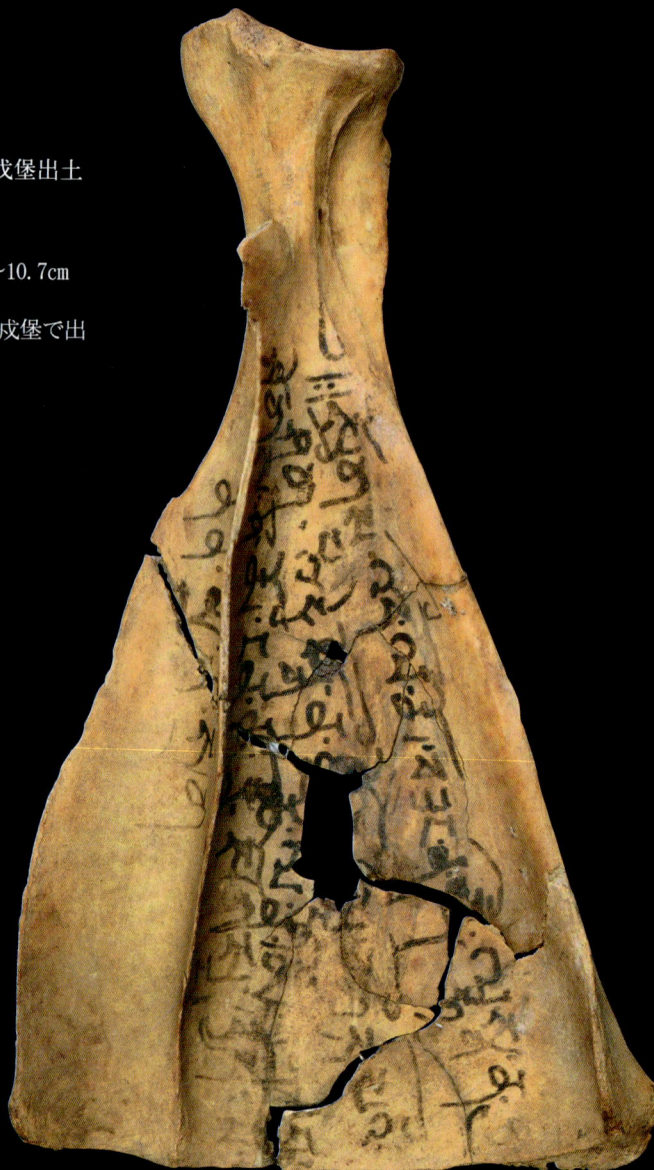

卜骨
长17.5、宽2.3～10.7厘米
唐（618～907年）
1973年新疆若羌县米兰吐蕃戍堡出土
新疆文物考古研究所藏

卜骨
長さ：17.5cm　広さ：2.3cm～10.7cm
唐（618～907年）
1973年に新疆若羌県米兰吐蕃戍堡で出
土した
新疆文物考古研究所所蔵

卜骨为羊的肩胛骨，上墨书古藏文四行，语义不全，据考释为两
次占卜时所书。据史书记载，公元7世纪初吐蕃首领松赞干布
兼并了西藏地区各部，定都拉萨，并参照当时的梵文字体创制了古
藏文。吐蕃王朝日益强盛，与唐王朝争夺对西域的统治。新疆发现
的古藏文文书反映了吐蕃在西域的政治、军事和社会经济活动。

　　卜骨は羊の肩甲骨で、その上に墨書の古チベット文4行ある。意味
が不完全で、考釈によれば、これは2度占う時に書いた本のそうであ
る。史書によると、7世紀初、トルファンのリーダソンツァンカンブ
はチベットの各地区を兼併して、ラサを首都として、当時のサンスク
リット語のフォントを参考して、古い藏文を作りだした。トルファン
王朝が日増しに強くなって、西域に対しての統治について、唐王朝と
争った。新疆で発見された古い藏文の文書はトルファンが西域での政
治、軍事、社会経済活動を反映した。

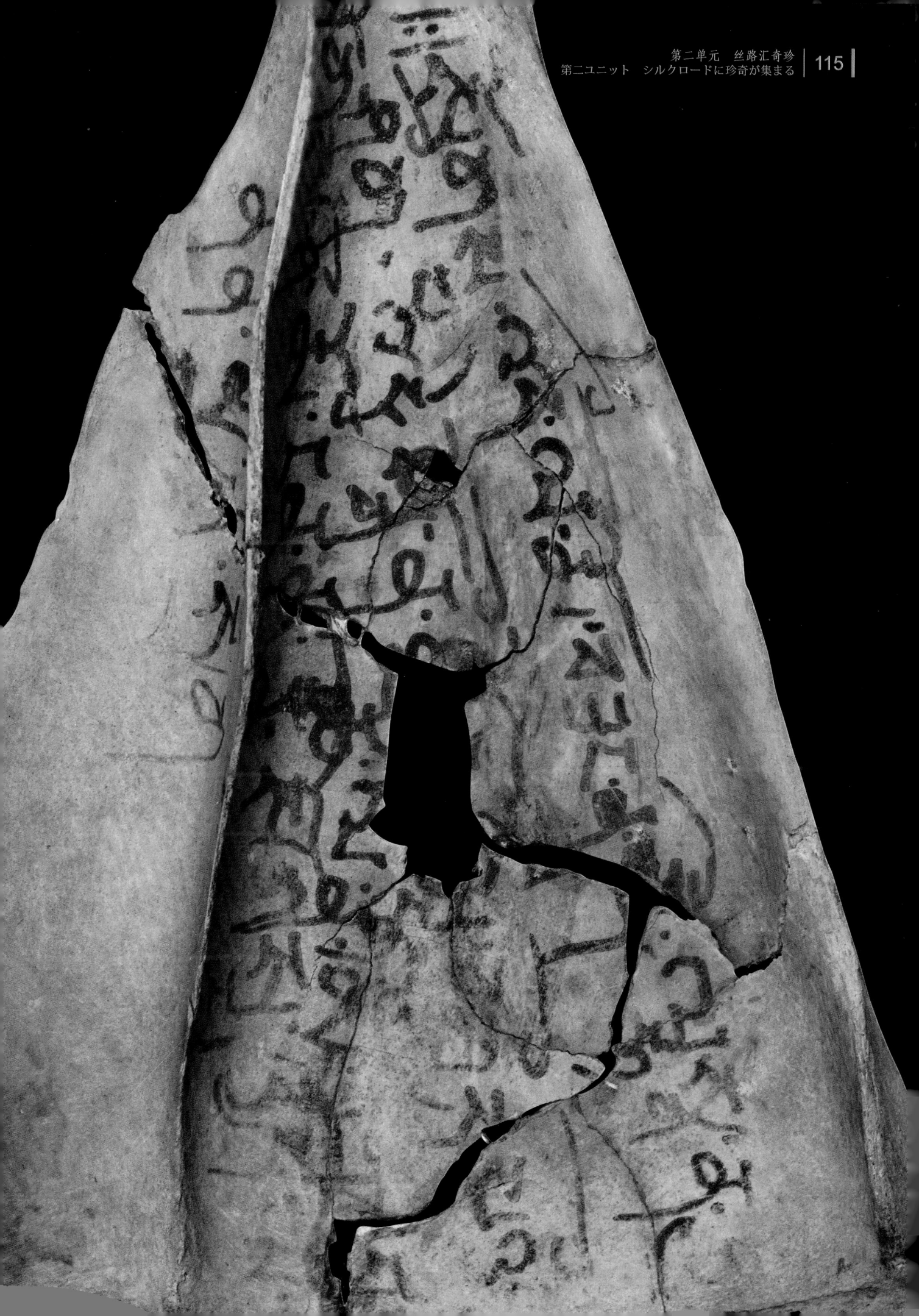

海兽纹铜镜
直径10、厚0.8厘米
唐（618～907年）
新疆乌鲁木齐市征集
新疆维吾尔自治区博物馆藏

海獣紋銅鏡
直径：10cm　厚さ：0.8cm
唐（618～907年）
新疆ウルムチ市で集まった
新疆ウィグル自治区博物館所蔵

圆形。中央有半球形钮，周围有"青盖"二字楷体铭文和海兽纹，在此图案的外围相继装饰一周整齐划一的竖线纹，一圈锯齿纹和一圈曲折纹。这四层纹饰之间，以弦纹加以间隔。唐代铜镜纹饰百花齐放，海兽、葡萄、人物、鸟兽、山水、吉祥草等都是铜镜的吉祥装饰图案，其海兽是西域狮子的形象。海兽纹镜是唐代铜镜纹饰中的主要题材。

　円形である。中央に半球形のボタンがあって、周囲に海獣紋と楷書銘文の「青蓋」とが2字書いてあって、その図の外側に整斉な縦線紋、鋸歯紋、曲折紋が相次いで別々に一周飾られる。この4重の紋飾りの間に弦紋で隔てられる。唐代の銅鏡紋飾りは繁栄していた。海獣、葡萄、人物、鳥獣、山水、吉祥草などは銅鏡の吉祥な装飾図の柄で、その海獣は西域の獅子のイメージである。海獣紋鏡は唐代の銅鏡紋飾りの主な素材である。

佛光映西域

仏の光は西域に照り渡る

　　丝绸之路的兴盛促进了西域宗教文化的传播，尤其以佛教为盛。佛教传入西域的时间从公元前后开始，经过长期发展，沿着丝绸之路形成了几个重要的佛教文化中心：丝路南道有于阗、尼雅、米兰、楼兰；北道有疏勒、巴楚、龟兹、焉耆、高昌等。传入西域后的佛教文化经过与西域传统文化的融合发展，形成了具有西域特色的佛教文化。表现在佛教建筑、雕塑、绘画、音乐、舞蹈、戏剧、说唱、经书翻译等文化艺术中。从公元前后到公元14世纪，曾经生活在西域的月氏人、汉人、吐火罗人、吐蕃人、回鹘人等都信仰佛教，而佛教的小乘、大乘和密教在西域都有传播，留下了丰富的佛教文化遗存。

　　シルクロードの繁盛は西域宗教の伝播を促進した、特に仏教であった。仏教は紀元前後から西域に入ってきて、長時間の発展に従って、シルクロードに沿っていくつか重要な仏教文化センターが形成された。シルクロードの南側にホータン、尼雅、ミーラン、楼蘭があって、北側に疏勒、マラルベシ、亀茲、焉耆、高昌などがある。西域に入ってきた仏教文化は西域の伝統文化と融合して発展して、西域らしい仏教文化になって、仏教建築、彫塑、絵画、音楽、ダンス、芝居、ラップ、経書翻訳などの文化芸術中で表現された。紀元前後から紀元14世紀まで、西域で生活していた月氏人、漢人、吐火羅人、チベット人、遊牧ウイグル人など仏教を信仰したことがある。仏教の小乗、大乗、密教はすべて西域に伝播したが、豊かな仏教文化が残っていた。

图　例

⊚　自治区首府
◉　自治州首府
◎　专署驻地自治区辖市
◉　县、市人民政府

▬▬▬　铁路
▬▬▬　高等级公路
▬▬▬　主要公路
▢▢▢　国界
▢▢▢　未定国界
▢▢▢　自治区（省）界
▢▢▢　地、州、区辖市界

哈巴河
布尔津　伊　阿勒泰市
犁　乌伦古湖　斯　富蕴市
吉木乃　泰
塔城市　和布克赛尔　吉力湖　乌　伦　地　区
（蒙古自治县）
额敏　哈
裕民　克
托里　拉　克拉玛依市　萨　昌吉回族自治区
玛　克
博乐市　温泉　依　奎屯市　沙湾　玛纳斯　呼图壁　阜康市　17
博尔　艾比湖　精河　市　石河子市　昌吉市　五家渠市
塔拉　乌苏市　米泉市　吉木萨尔
霍城　伊宁　尼勒克　自　和　乌鲁木齐市　15　13
伊宁市　乌鲁木齐市　托克逊　吐鲁番市
察布查尔　巩留　新源　治　开　和硕　和静　焉耆　12　鄯善
（锡伯自治县）　昭苏　特克斯　州　都　（回族自治县）　博湖　博斯腾湖　吐　鲁
11　河　轮台　库尔勒市　尉犁　27　孔
拜城　10　库车　9
温宿　7　8　新和　沙雅　里　木　河
乌什　阿　阿克苏市　塔　大西海子水库
阿合奇　克　新和　地　区
柯坪　苏　阿瓦提　巴音郭楞　蒙　车　28
克　阿拉尔市　和　塔中　古　若羌
勒　地　区
孜　阿图什市　5　图木舒克市
克　乌恰　6　巴楚　叶　且末
孜　喀什市　1　2　伽师　喀
自　疏附　疏勒　岳普湖
治　阿克陶　英吉沙　25
州　塔什库尔干　麦盖提　什　24
3　莎车　地　河　民丰
泽普　区　20　墨玉　21　田　22　23
叶城　洛浦　地　里
皮山　策勒　于田
4　和田市　喀
塔什库尔干　美　拉　玉　雅
地　喀　龙　河
区　什　喀
河　什
河

1.三仙洞石窟　　　15.交河故城
2.莫尔佛寺　　　　16.高昌故城
3.喀群墓地　　　　17.北庭佛寺
4.棋盘石窟　　　　18.白杨沟佛寺
5.图木舒克佛寺　　19.庙儿沟佛寺
6.托库孜萨来佛寺　20.杜瓦佛寺
7.克孜尔石窟　　　21.热瓦克佛寺
8.库木吐拉石窟　　22.丹丹乌里克佛寺
9.森木塞姆石窟　　23.喀拉墩佛寺
10.苏巴什佛寺　　　24.尼雅佛寺
11.阿艾石窟　　　　25.安迪尔佛寺
12.七个星佛寺　　　26.楼兰佛寺
13.柏孜克里克石窟　27.营盘佛寺
14.吐峪沟石窟　　　28.米兰佛寺

1.三仙洞石窟　　　　　　15.交河故城
2.モール仏寺　　　　　　16.高昌故城
3.カチュン墓地　　　　　17.北庭仏寺
4.棋盤石窟　　　　　　　18.白楊溝仏寺
5.トゥムシュク仏寺　　　19.廟児溝仏寺
6.トックズ-サライ仏寺　20.トゥワ仏寺
7.キジル石窟　　　　　　21.ラワク仏寺
8.クムトラ石窟　　　　　22.ダンダン-ウイリク仏寺
9.シムシム石窟　　　　　23.カラトン仏寺
10.スバシ仏寺　　　　　　24.ニヤ仏寺
11.アアイ石窟　　　　　　25.エンデレ仏寺
12.シクシン仏寺　　　　　26.楼蘭仏寺
13.ベゼクリク石窟　　　　27.インパン（営盤）仏寺
14.トユク石窟　　　　　　28.ミーラン仏寺

新疆佛教遗址分布图
新疆维吾尔自治区对外交流协会编，霍旭初、祁小山编著：《丝绸之路·新疆佛教艺术》，新疆大学出版社。

新疆仏教遺跡文布図
新疆ウイグル自治区対外交流協会編集；霍旭初、祈小山によって編著した『シルクロード·新疆仏教文化芸術』、新疆大学出版社。

之一
其の一

木雕佛像
之一：高65.5、宽18、厚15.5厘米
之二：高65、宽19、厚16厘米
魏晋（220～420年）
1993年新疆民丰县尼雅遗址出土
新疆文物考古研究所藏

木彫り仏像
其の一：高さ：65.5cm　広さ：18cm　厚さ：15.5cm
其の二：高さ：65cm　広さ：19cm　厚さ：16cm
魏晋（220～420年）
1993年に新疆ニヤ県の尼雅遺跡で出土した
新疆文物考古研究所所蔵

之二
其の二

在长方形木板上，正、背两面分别浮雕一站立人像，人像的五官、手指及穿着服饰的衣襟用黑线勾出，线条流畅。人像梳发髻，一手叉腰，一臂向上曲举。上身穿圆领无开襟衫，下身着长裙，在下腹处有四个头似手指的黑色印痕。这组木雕目前一般被认为属于佛教造像。木雕出土的房址周围还发现佛寺和官方使用的建筑场所。

　　長方形の木の板の正面と向こうはそれぞれ立っている人像が浮き彫りにしてある。人の像の五官、指、着ている服の襟は黒い線で勾勒して、線条が滑らかである。人像は髻をしていた、一手に腰にあてて、もう一つの手を上げている。上半身はラウンドネックのない前開きの服のシャツを着て、下半身はロングスカートを穿いて、下腹部に指のような黒い跡がある。この組の木彫りは仏像に属すると思われた。木彫りの出土した部屋の所在地の周囲はまた仏陀の寺と政府の使う建物の場所を発見します。

尼雅佛塔遺址
尼雅仏塔遺跡

彩绘舍利盒
高21、底径20厘米
南北朝（420～589年）
1976年新疆柯坪县克拉玛克塔木
寺庙出土
新疆维吾尔自治区博物馆藏

彩絵舍利箱
高さ：21cm　底の直径：20cm
南北朝（420～589年）
1976年に新疆カルビン県カラット
瑪克塔木寺で出土した
新疆ウィグル自治区博物館所蔵

盛装佛教僧侣骨灰的容器。此舍利盒由淡赭、红、黑、白色装饰图案，顶部绘赭色莲瓣纹，盖有一刻划莲瓣作装饰，器身装饰为红色菱形纹中绘有黑色圆圈，肩部饰短线几何形纹，此为当时流行的常见纹样。莲瓣纹绘在盛僧侣骨灰容器上当与佛教有关，它的广泛应用与北朝佛教的兴盛有很大关系。是自东晋、北魏以后流行的装饰，它和宗教意义结合起来达到极盛。从造型、纹饰反映了佛教艺术在当时流行习俗。

仏教の僧侣の骨灰を盛る容器である。この仏舎利の箱は浅赤褐色、赤、黒、白で図案を飾って、上部に浅赤褐色の蓮華の花弁が書いてあって、蓋に蓮華の花弁の飾りがあって、周りに赤い菱紋の中に黒い丸や肩の短い線の違うレベルの幾何学形は当時の流行る柄であった。仏教の僧侣の骨灰を盛る器に蓮華の花弁紋が書いてあることは仏教と関係あって、北朝の仏教の繁盛によって、広く応用していた。東晋、北魏以後の流行る装飾で、宗教の意義と結合して、トップまで至る。造形、紋飾りから当時流行る仏教芸術の習俗を反映した。

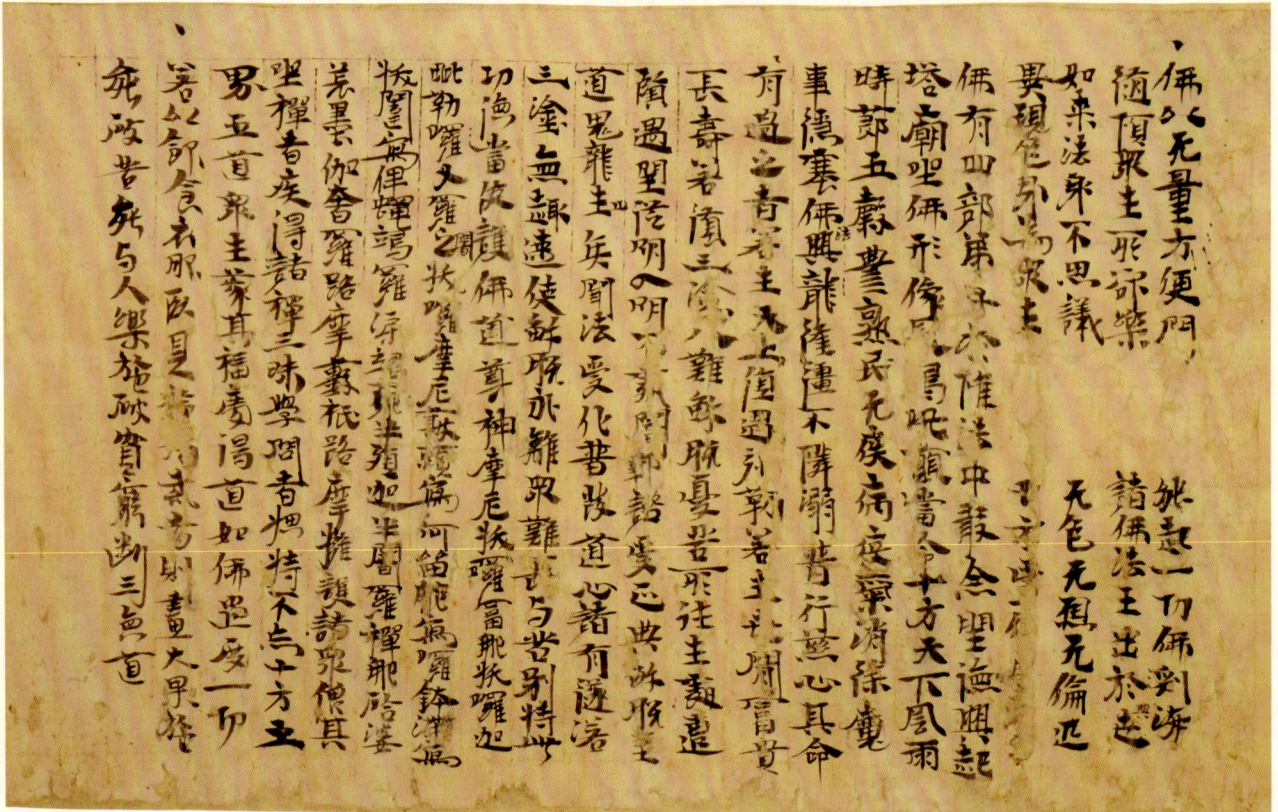

抄 本出土于佛塔遗址内的一口陶瓮中。纸本，墨书，字21行。字体锋芒外露，表现了强劲的力感。写本虽无具体的年代，但从书体上看，其时代应是南北朝时期。魏晋南北朝是汉语词汇史上的一个重要阶段，在此时期，大量的佛经汉译，给汉语词汇带来了不少新元素。

抄本は仏塔遺跡内の陶甕の中で出土した。紙の本、墨の書、字が21行ある。フォントの矛先は現れて、強い力感を表現した。抄本に具体的な年代がないが、書体からみると、多分南北朝時期のであろう。魏晋南北朝は漢語語彙史上での重要な段階である。このときに大量な経が漢語に訳されて、漢語語彙に沢山新しい元素をもたらした。

佛经（复制品）
长25.1、宽42.8厘米
南北朝（420～589年）
1965年新疆吐鲁番英沙古城外佛塔出土
新疆维吾尔自治区博物馆藏

経（複製品）
長さ：25.1cm　広さ：42.8cm
南北朝（420～589年）
1965年に新疆トルファン英沙古城の外の仏塔で出土した
新疆ウィグル自治区博物館所蔵

佛以无量方便門
随順眾生所邪樂
如来法身不思議
異現色身隨眾生

姚趣一切佛剎海
諸佛法王出於世
无色无翠无偏迟

時節五歲豐熟民无虞病疫眾消保寧
車德襄佛興龍隆運不隣溺皆行慈心其命
荷邁之青眾主决之復遇列菑著主年開隔首
塔廟聖佛形像修同昌吧頗當今十方天下降雨
佛有四部弟子於法惟法中慈念聖僧起

比丘头像（复制品）
高15、宽5.6厘米
唐（618～907年）
1958年新疆焉耆锡克沁佛寺遗址出土
新疆维吾尔自治区博物馆藏

比丘頭部（複製品）
高さ：15cm　広さ：5.6cm
唐（618～907年）
1958年に新疆焉耆錫克沁仏寺遺跡で出土した
新疆ウィグル自治区博物館所蔵

面庞圆润，柳叶细眉，双眼微闭，鼻梁端直，直通额际，樱唇微合，显示含而不露的笑容。形象精美，神态生动隽秀，体现含蓄、柔丽之美，展示出菩萨的慈祥宽和。彩绘已脱落。焉耆是古代西域佛教和艺术文化中心。出土了多件泥塑，其中多为唐代的作品，艺术风格不尽相同，从中可以强烈地感受到早期来自西方的犍陀罗艺术样式和后期受唐文化影响的东方形象，为研究当地佛教及其文化艺术的发展提供了直接资料。

　顔はまろやかで潤いがあって、柳葉の細い眉で、目がやや閉じって、まっすぐした鼻が額にいたって、やや閉じる唇で、現さない笑顔をくわえることを明らかに示していた。イメージは精巧で美しく、表情が生き生きとして、含蓄と柔らかい美しさを体現して、菩薩の慈しみと広さを展示した。彩絵はもう落ちた。焉耆は古代西域仏教と芸術文化センターであった。多件の泥像が出土して、その主なのは唐の作品で、技術風格は違った。早期の西方からの犍陀羅技術スタイルと唐文化の影響を受けた東方イメージが強く感じられる。当時の仏教及び文化芸術の発展を研究するのに直接な資料を提供した。

供养人头像（复制品）
高15.5、宽6厘米
唐（618～907年）
1957年新疆焉耆锡克沁佛寺遗址出土
新疆维吾尔自治区博物馆藏

供養人頭部（複製品）
高さ：15.5cm　広さ：6cm
唐（618～907年）
1957年に新疆焉耆锡克沁仏寺遺跡で出土した
新疆ウィグル自治区博物館所蔵

供养人是对信佛教之俗家男女的专称。此供养人为胡人形象，形象刻画极为生动。佛教中称向佛、菩萨供施香花、灯明、饮食、衣服等为"供养"。其中又分以实物等供佛的"财供养"和以讲经说法等的"法供养"，供养人的身份不等，敦煌莫高窟供养人题记中有地方官吏、戍边将士、寺院僧侣和庶民百姓等，说明佛教在当时是一种广泛的宗教信仰。

供養人は仏教を信仰する出家する前の家の男女への専門な呼び方である。この供養人は胡国人のイメージで、描写するのはいきいきとした。仏教では仏、菩薩に香、花、灯明、飲食、服などを施すことを「供養」と呼ぶ。その中に事物を施す「財供養」と経と法を講ずる「法供養」に分けて、供養人は身分が違って、敦煌莫高窟供養人題詞に地方役人、守備する将兵、寺の僧侶、庶民などが記録されている。これは仏教がその時に1種の広範な宗教の信仰だと説明した。

七宝之尊
——从新疆丝路遗珍看中国琉璃文化
中国文物交流中心　姚安

　　2011年4月，我去日本长崎参加展览开幕式，顺道参观了长崎孔子庙。长崎孔子庙始建于1893年，是当年华侨出资建筑的。孔子庙一进院落，大成殿面积虽不甚大，但彩绘如新，景象庄严。甬道两侧贤人雕塑栩栩如生，院落中有人打太极拳，气氛静谧祥和。大成殿后有中国历代博物馆，当时正展出"历史印迹——故宫博物院清代帝后宝玺特展"。回国后不久，即有任务在长崎孔子庙中国历代博物馆办展，想着孔子庙的环境，花草清新，庙相庄严，孔子塑像坚毅平和，我们在策展上也有了思路。2013年春节开幕的"中国西域·丝路传奇"展，是中国文物交流中心主办长崎孔子庙中国历代博物馆五年计划展览的第一个展览，此文便是为展览图录撰写。

　　"中国西域·丝路传奇"展展出文物55件（组），分别来自于新疆自治区博物馆和新疆文物考古研究所，其中有两件饰品十分引人注目——出土于新疆若羌县的料珠项链以及出土于尼雅遗址的料珠项链，二者的饰件中均含有琉璃。琉璃，其质晶莹剔透，其色变幻瑰丽，古代诗文中时常用以比喻碧透之物——它是杜甫"琉璃汗漫泛舟入，事殊兴极忧思集"中的碧波；是苏轼"琉璃贮沆瀣，轻脆不任触"中的明眸；是胡仲弓"长空万里琉璃滑，冰轮碾上黄金阙"中的晴空；是纳兰性德"瑠璃一万片，映彻桑乾河"中的瑞雪；也是旧时文人心底里的清澈追求。

　　琉璃之美，在于光影之间，在于人之精神，在佛语里则意味着精神和智慧的澄明了悟。琉璃之器融合了情感与艺术，在三千年的时空里，积淀着历史的华丽，每一件琉璃制品都具有独一无二的魅力与性格。

一　琉璃之源

　　琉璃究竟为何物？它与玻璃是怎样的关系？作为工艺器物的琉璃与作为建筑构件的琉璃到底有何区别？这一连串的问题，乍听令人茫然，若仔细探究起来，则颇感丰富而有趣。

　　现代科学定义，玻璃是一种非金属无机物，在结构上是一种无机的热塑性聚合物，在高于650℃时可以成形，冷却后具有透明、耐腐蚀、耐磨、抗压等特性。玻璃的热膨胀系数低于钢，是电和热的不良导体，是一种活脆的非晶物。在中国古文献中，琉璃一般写作"璆琳"、"陆离"、"流离"，或作"璧流

离"。《尚书·禹贡》："黑水西河惟雍州……贡璆琳、琅玕。"《楚辞·离骚》："高余冠之岌岌兮，长余佩之陆离。"《楚辞·九歌·大司命》："灵衣兮被被，玉佩兮陆离。"《尔雅·释地》曰："西北之美者，有……璆琳、琅玕焉。"东汉王充《论衡·率性》："〈禹贡〉曰谬琳琅玕者，此则土地所生真玉珠也。然而道人消烁五石，作五色之玉，比之真玉，光不殊别。兼鱼蚌之珠，与〈禹贡〉璆琳，皆真玉珠也。然而随侯以药作珠，精耀如真，道士教至，知巧之意加也。"对于琉璃之称的由来，目前学界的意见基本统一，即认为琉璃是由"璆琳"音译而来。章鸿钊在《石雅》中称："璆琳，流离也，或作琉璃。曰流离者，约言之，详言之为璧流离。流，璆音之谐；离，琳音之转，实一物也。"[1] 而玻璃一词源于梵语，最早见于汉译《妙法莲华经》与《阿弥陀经》，词作"玻瓈"，为梵语Spahtika的译音，据考证，Spahtika本指水晶。颜神镇炉业工匠称炼成的条状半成品为"料"。宋人称"药玉"，元人称"罐子玉"，明清人仍沿袭古称"琉璃"，惟清皇家废"琉璃"之名而称"玻璃"[2]。《太平御览》中引《郡国志》云："朔方太平城，后魏穆帝造也。太极殿琉璃台及鸱尾，悉以琉璃为之。"及《北史》中："琉璃制造久失传，太武时天竺国人商贩至京，自云能铸造五色琉璃。于是采砺山石于京师铸之。既成，光泽美于西方来者。乃诏为行殿，容百余人。光色映澈，观者见之，莫不惊骇，以为神明所作。自此中国琉璃遂贱，人不复珍之。"并且通过考古发现可以得到印证，如在山西大同北魏京师古城遗址的发掘中，发现了琉璃建筑构件[3]。

综合文献记载和考古发现方面的证据，在中国古代，琉璃一词应包括以下三种物品：1. 天然玉石；2. 玻璃；3. 建筑构件[4]。可以说是琉璃在古代一是作为珍玩器物，二是作为建筑构件的琉璃砖瓦。本文所涉及的"琉璃"仅为玻璃器，其他含义限于篇幅不做探讨。

人类最初使用的玻璃是由火山喷发所产生的酸性熔岩凝结而成的。在距今五千年前的古埃及墓中就已经发现玻璃器，称为"Faience"。中国的琉璃器的产生有数千年的历史，而中国琉璃的起源就有"西来说"和"自创说"之争。由于"璆琳"、"陆离"、"流离"、"璧流离"、"颇黎"等词属于外来语，西方的玻璃的应用又先于中国产生，所以中国的玻璃起源于西方的说法由来已久。从中国的古代典籍中探寻，也常发现琉璃由西域传入的记载。如《汉书·西域传》曰："蜀宾国出璧流离。"《魏略》中有"大秦国（古罗马帝国）出赤、白、黑、黄、青、绿、缥、绀、红、紫十种琉离"。《魏书》中也有："波斯（今伊朗）出金瑜石、珊瑚、琥珀、东渠、玛瑙、多大真珠、颇黎、琉璃。"但是，通过考古发掘，出土了不少早期的玻璃制品。新疆拜城和塔城出土的一批玻璃珠，是目前中国出土的最早期玻璃，墓葬位置分别在天山的南北两麓，年代在西周到春秋时期。采用质子激发X荧光技术和电感耦合等离子体发射光谱分析了这批玻璃珠的化学成分，结果表明：这批玻璃珠的成分可分为$Na_2O-CaO-SiO_2$和$Na_2O-CaO-PbO-SiO_2$两个体系。初步认为这批玻璃珠是借鉴了中西亚地区的玻璃制造技术，采

[1] 章鸿钊：《石雅》，商务印书馆，1921年，第12页。

[2] 杨伯达：《杨伯达论艺术文物》，科学出版社，2007年，第137页。

[3] 蒋玄怡：《古代的琉璃》，《文物》，1959年第8期。

[4] 李清临：《中国古代玻璃与琉璃名实问题刍议》，《武汉大学学报》（人文科学版），2010年第5期。

用当地的原料制备的；游牧民族在这个过程中起到了重要作用[5]。

此外，1954～1955年河南洛阳中州路、1955～1957年河南陕县上村岭、1955～1957年陕西沣西张家坡、1964年河南洛阳庞家沟、1957年陕西宝鸡市茹家庄、1978年山东曲阜县鲁故城，以及近二三十年对陕西省周源地区周墓出土的大量玻璃管珠，无论从时间上还是在地域分布上，使研究西周玻璃的物质条件已经具备[6]。

从湖北随县曾侯乙墓出土的近两百粒琉璃珠分析来看，虽然部分与伊朗基兰玻璃珠（公元前5～前3世纪）相似，但其质地与伊朗生产的玻璃珠不同。2002年，在广西南宁召开的中国南方古玻璃研讨会上，干福熹先生发表了对于中国古琉璃研究方面的新成果：虽然中国古代琉璃以"铅钡玻璃"为主，但在广东、广西出土的琉璃大多是高钾低镁玻璃。这些古琉璃的氧化镁含量仅有0.06%至1.0%，实属世界罕见。相比之下，古埃及和地中海沿岸地区出土的玻璃，氧化镁含量高达3%至9%。根据科学分析研究表明，西方古代玻璃与中国内地自己发展的古代玻璃的玻璃化学成分十分不同。从古埃及、罗马、波斯到伊斯兰玻璃都是钠钙硅酸盐系统，而中国内地古代玻璃的化学成分中以K_2O、PbO、BaO为主，所以比较容易区别[7]。

关于制作的工艺，经过对弓鱼伯墓出土的玻璃管珠的观察、检验和鉴定的成果来看，其质地是用冶铜矿渣加黏土熔炼成的玻璃，成型工艺是衬芯法[8]。北京玻璃研究所的研究人员，对西周时期的玻璃从呈色、透明度、成分上分析研究后得出，中国琉璃的发明与青铜冶炼技术有着密切关系的结论。青铜的主要原料是孔雀石、锡矿石和木炭，冶炼温度在1080℃左右。玻璃通常是指熔融、冷却、固化的硅酸盐化合物，石英砂是熔制玻璃的主要原料，其他原料还有纯碱和石灰石等，冶炼温度在1200℃。在冶炼青铜的过程中，由于各种矿物质的熔化，其中玻璃物质在排出的铜矿渣中就会出现硅化合物拉成的丝或结成的块状物。由于一部分铜粒子侵入到玻璃物质中，因此其呈现出浅蓝或浅绿色。这些半透明、鲜艳的物质引起了工匠们的注意，经过长期不断的实践和探索，工匠们掌握了琉璃的生产技术和规律，从而形成了中国的琉璃文化。

二　中国琉璃文化

"有色同寒冰，无物隔纤玉。象筵看不见，堪将对玉人。"唐朝诗人韦应物的《咏琉璃》，展现了自然凝动，类玉似珠的琉璃。琉璃通过光的折射，从不同角度欣赏有着不同的色泽，却又如此的纯净，意境深厚。对琉璃不同色彩的解读蕴含着人类的智慧和情怀，是女娲手中散落的五彩神石，幻化为人间的琉璃。

对琉璃的文化内涵的深刻理解，还源于其制作工艺中的困难，每件琉璃作品都来得不易，经历数十道工序，在高温中各种颜色矿石熔化，琢磨细腻，从最初的设计到冶炼熔制成型，需历尽各种艰辛与困苦。如此成器，给予人们对琉璃无

[5] 干福熹、李青会等：《新疆拜城和塔城出土的早期玻璃珠的研究》，《硅酸盐学报》，第31卷第7期。

[6] 杨伯达：《西周玻璃的初步研究》，《故宫博物院院刊》，1980年第2期。

[7] 干福熹：《中国古代玻璃的化学成分演变及制造技术的起源》，《中国古代玻璃技术的发展》，上海科学技术出版社，2005年。

[8] 同[6]。

限的想象，赋予美好的愿景。也因其"火里来，水里去"的工艺特点，在佛教中琉璃是千年修行的化身，并将琉璃列为佛教"七宝"之一。

《金刚经》中道："须菩提，于意云何？若人满三千大千世界七宝，以用布施，是人所得福德宁为多不？"佛教的七宝，在《法华经》、《阿弥陀经》、《无量寿经》等经典中都有记载，但说法不尽相同。《法华经》谓七宝为金、银、琉璃、砗磲、码瑙、真珠、玫瑰；《阿弥陀经》则以金、银、琉璃、颇梨、砗磲、赤珠、码瑙为七宝。而《无量寿经》汉、魏、唐、宋各代版本的译法更各有不同：

	金	银	琉璃	玻璃	砗磲	赤珠	码瑙
汉	金	银	琉璃	水精	砗磲	珊瑚	琥珀
魏	紫金	白银	琉璃	水精	砗磲	珊瑚	码瑙
唐	黄金	白银	琉璃	颇梨	美玉	赤珠	码瑙
宋	黄金	白银	琉璃	颇梨	砗磲	真珠	码瑙

其中，以金、银、琉璃、砗磲、码瑙为世间所公认。七宝中的琉璃，蓄纳了佛家的光明与智慧，孕育着深刻的内涵，使之成为灵物，是供佛修行的圣物。

此外，《易传》有云："形而上者谓之道，形而下者谓之器"，简单地理解，道就是世界的规律、自然的法则；器就是客观存在的事物。琉璃，从冶炼熔制到形制设计、图案绘制，以及颜色的巧妙寓意，无不反映着器以载道的深刻内涵。道以成器为形而上，器以载道为形而下，形成于道而现于器。只有通过器的表现形式，才能感悟宇宙生命的精妙，道与器才能得以完美结合。琉璃无不反映着人们的宇宙观和人文观，博大精深的中国传统文化，也可以在小小的琉璃上得以如此深刻的体现。琉璃艺术之器，承载着文化之道与精神，进而感悟世界。

三　琉璃与中西交流

"丝绸之路"首次于19世纪末由李希托芬（Ferdinard von Richthofen）提出，是作为中国经西域与欧洲的希腊罗马社会的交通路线的统称。因为丝绸首产于中国，公认有五千多年的历史。公元前4世纪拉丁作家克泰夏（Ctesias）已有文字记载丝绸传至欧洲。"丝绸之路"实际上是沟通欧亚经济、政治、文化和技术的一条大动脉的代名词[9]。几年前联合国教科文组织明确丝绸之路的通道：1.北方（草原）丝绸之路；2.西北（沙漠）丝绸之路；3.西南（佛教）丝绸之路；4.南方（海上）丝绸之路。汉通西域后，这是中外交流的主要通道[10]。随着中外文化的交流，外来物质文化和生产技术沿着商路输入进来。玻璃制品，除中国自造外，自然也有一部分由国外引入。据《汉书·地理志》："黄支国，民俗略与珠崖相类，其州广大，户口多，多异物。自武帝以来皆献见，有译长，属黄门，与应募者具人海市明珠、璧流离、奇石异物，赍黄金、杂缯而往"。

[9] 布尔努瓦：《丝绸之路》，山东画报出版社，2005年。

[10] 干福熹：《古代丝绸之路和中国古代玻璃》，《自然杂志》，第28卷第5期。

战国和两汉时期北方沙漠丝绸之路为主要进口玻璃的通道，当时以玻璃珠和饰物为主，易于携带。东汉以后，海上丝绸之路开通，所以隋、唐、宋及以后，玻璃器皿进口主要通过海上，从南方上岸后运至中原，特别是易碎的大型的玻璃器皿。中国古代的铅钡硅酸盐玻璃、钾硅酸盐玻璃和钾铅硅酸盐玻璃制品也是从海上丝绸之路传至东亚、东南亚和印度。西方制造玻璃器皿的吹制技术和化学稳定性比较高的钠钙硅酸盐玻璃成分的引入，促进了我国自制玻璃技术的提高。采用西方的钠钙硅酸盐玻璃的化学成分，也用吹制法制造出于中国造型特色的玻璃器皿[11]。

从出土的中国古代玻璃器皿中可以看到，用吹制技术和无模成型的最早的中国古代玻璃器皿属于魏晋、南北朝和隋代（公元3～6世纪），这和北方丝绸之路的开通密切有关。我国最早的进口玻璃器皿中包括如罗马的搅胎玻璃钵（江苏邗江甘泉汉墓出土，公元1世纪）、筒形磨花玻璃杯（南京象山琅琊王墓，公元3世纪）、南京幕府山玻璃杯（公元4世纪），时代属东汉和南北朝初期（公元1～3世纪）[12]。

南北朝时期，有大月氏（今阿富汗）的琉璃商人在北魏都城平城（今大同市）建琉璃工厂。《北史·大月氏传》记载："太武帝时，其国人商贩京师，自云能铸石为五色琉璃。于是采矿山中，于京师铸之，既成，光泽乃美于西方来者。乃诏为行殿，容百余人，光色映彻，观者见之，莫不惊骇，以为神明所作。自此，国中琉璃遂贱，人不复珍之。"原料质佳，成本较低，致使产量大增，在国内普及开来。

隋唐两代疆域辽阔，对外交流异常繁荣，形成了一个盛世空前、兼收并蓄的多元化文化氛围。传统琉璃艺术的发展也呈现出多样化，出现了许多既具中国传统又具波斯风格的琉璃器皿，并且生产工艺也有所提升，贴塑、模铸和刻花等装饰手法也更加精细。这一时期琉璃器的突出成就表现在陈设品、生活用具琉璃器的制作上，主要是琉璃瓶、琉璃茶具、琉璃杯等。1957年在陕西省西安市李静训墓出土了一件高12.5厘米的琉璃瓶。这件琉璃瓶的瓶口和腹部的俯视面均为椭圆形，是采用北魏时期传入我国的吹制法制成，器壁极薄，透明度、光亮度均很好，形态为中国传统造型，一改南北朝时期中国吹制玻璃器粗糙的状况。经化验，其质地为高铅玻璃和碱玻璃，是中国古法琉璃器，反映了隋代玻璃吹制技术的水平。

盛唐时期（公元7～10世纪）中国与外国的交流更多更广泛。这时正是世界历史上出现伊斯兰教和伊斯兰文化，同时兴起了伊斯兰玻璃。有一些大型玻璃器皿从外传入中国。其中最著名的是法门寺地宫出土的伊斯兰玻璃器皿（公元9世纪）。这些玻璃器皿在制造和装饰工艺以及图案上都体现伊斯兰玻璃特色。这些进口玻璃的化学成分皆属于不同K_2O、MgO和Al_2O_3含量的钠钙硅酸盐玻璃，并标志了不同时代进口不同类型的钠钙硅酸盐玻璃[13]。

宋代由于海外贸易的发展，这时期在现在的浙江、福建、广东三省沿海的

[11] 同[10]。

[12] 干福熹:《中国古代玻璃——古代中、外文化和技术交流的见证》,《中国古代玻璃技术的发展》,上海科学技术出版社,2005年,第242～249页。

[13] 同[12]。

五个重要出口港，曾输出大量精美丝绸、瓷器、漆器和铁器等物，输入品有各种香料、真珠、犀角和作家具用的上等木材等，同时也输入部分玻璃品。程大昌在《演繁露》中提到："所铸玻璃有与西域异者铸之，中国则色甚光鲜，而质则轻脆，沃以热酒，随手破裂。凡来自海舶者，是名番玻璃也。"又赵汝适在《诸蕃志》："玻璃出大食诸国，烧炼之法与中国同。其法用铅硝、石膏而成，大食则添入南鹏砂，故滋润不烈，最耐寒暑，宿水不坏，以此贵重于中国。"[14]明代方以智在《物理小识》记载："三保太监郑和曾携西洋烧琉璃人来。"这说明当时已经很注重引进国外有经验的工匠为皇室生产琉璃。

清康熙三十五年（1696年），内廷成立了造办处玻璃厂，请来德国传教士兼技师纪理安（Kijian Stumpf 1655~1720年）作技术指导，专门为皇室制造各种工艺器物，中国的古法琉璃与西方的玻璃制造技术在清宫玻璃厂内汇合了。并且为避免与烧造琉璃砖瓦的"琉璃厂"在名称上相混淆，故新设之厂定名为"玻璃厂"，所产器物也一律称"玻璃"而不再称"琉璃"。能工巧匠们凭借高超的技艺和智慧烧炼出了色彩丰富、质地精纯的琉璃器，采用无模吹制和有模吹制等技法制造出了几十种类型的器物，同时还利用中西不同的艺术加工技法创造出了众多的工艺品种。其中，经过碾琢的套色琉璃，是清代琉璃装饰艺术最重要的创举，此项工艺是在白琉璃胎上粘贴各种彩色琉璃的图案坯料，然后经碾琢而成，将琉璃的制造工艺提高到崭新的历史阶段。

纵观琉璃的起源和发展阶段，古老的丝绸之路开启了中外交通，将中国的丝绸等产品和技术传向西方，也将西方的文化和技术传入中国。此后的千百年间，中西方的交流促进了双方的共同发展，无疑是中外文化史中的灿烂篇章。

子曰："四海之内皆兄弟也"。中国文明向来是海纳百川，以开放包容的心态发展壮大，千年丝路黄沙下掩埋的小小琉璃遗珍，便可作明证；子曰："温故而知新，可以为师矣"。更希望此次的"中国西域·丝路传奇"文物大展，能够让多元文化之友好交流的主题再次登上长崎孔子庙的舞台。正如琉璃的美好一般——期待当今世界在色彩斑斓的同时，也能守住那份澄净和祥和。

[14] 程朱海：《试探我国古代玻璃的发展》，《硅酸盐学报》，第9卷第1期。

七宝の尊
——シルクロードの遺物から中国の瑠璃文化を見る

中国文物交流センター　姚安

　　2001年4月に、私は日本の長崎へ行って、展覧会の開幕式に参加するついでに、長崎孔子廟を見学した。1893年に華僑が出資して、長崎孔子廟が建てられた。孔子廟は庭に入ると、大成殿の面積があまり広くないが、彩絵が新しくて、光景が厳かである。路地の両側に賢人の彫刻が生き生きとして、にわで太極拳をしている人がいて、静謐な雰囲気である。大成殿の後ろに中国歴代博物館があって、当時には「歴史の跡――故宮博物院清代帝後宝璽特別展」が展覧していた。帰国した後で、長崎中国歴代博物館で展覧する任務があって、孔子廟の環境、清新は花草、荘厳な廟、剛毅で平然な孔子像を思って、私たちは展覧の計画にも構想があった。2013年の春節に開幕する「中国西域・シルクロード伝奇」展覧会は中国文化財交流センターが主催する長崎孔子廟の中国歴代博物館五年計画展覧の一番目の展覧である。この文章は展覧の図録のために執筆される。

　　「中国西域・シルクロードの伝奇」で展覧する文物は55件（組）であって。新疆ウイグル自治区博物館、新疆文物考古研究所からの文物である。その中に二つの装飾品目立った装飾品は二つあって、一つは若羌県で出土した料珠のネックレスであって、もう一つは尼雅遺跡で出土した料珠のネックレスである。二つの飾りに瑠璃が含まっている。瑠璃は質が透き通って、色が変幻で美しく、古代の詩文によく透き通る物に比喩された。杜甫が書いた「瑠璃汗漫泛舟入，事殊興極忧思集」での碧の波、蘇軾が書いた「瑠璃貯沆瀣，軽脆不任触」での清かな瞳、胡仲弓が書いた「長空万里瑠璃滑，氷輪碾上黄金闕」での晴れる空、納蘭性徳が書いた「瑠璃一万片，映徹桑乾河」での瑞雪である。これは昔の文人が心からの清い追求である。

　　瑠璃の美しさは光と影の間に、人の精神の中に、仏語に精神と知恵の澄み切る気持ちと悟る真諦という意味である。瑠璃の器は感情と芸術を融合して、三千年の時間と空間で、歴史の華麗を積んでいる。ひとつひとつの瑠璃製品は唯一な魅力と性格を持っている。

一　瑠璃の源

　　瑠璃はいったい何か。グラスとどんな関係があるのか。工芸品器物としての瑠璃は建築部材の瑠璃とどんな区別があるのか。これらの問題については、ちょっと聞いて、茫然になった。よく探究しては、豊かで面白いと感じられる。

　　現代科学の定義には、ガラスは非金属の無機物の一種で、構造には無機の熱可塑性ポリマーの一種で、650℃を上回る時に形成できて、冷やしてから、透明、耐腐食、耐摩耗性、圧縮などの特性を持っている。ガラスは熱膨張係数が鋼より低く、電気と熱の不良導体で、生脆い非晶物である。中国の古い文献で、一般的に瑠璃を「璆リン」、「陸離」、「流離」、または「璧流離」と書いてある。『尚書、禹貢』に「黒水西河惟雍州……貢璆琳、琅玕」；『楚辭・離騒』に「高余冠之岌岌兮，長余佩之瑠璃」；『楚辭・九歌・大司

命』に「霊衣兮被被、長余佩之陸離」；『爾雅・釋地』に「西北之美者，有……璆琳、琅玕焉」；東漢王充の『論衡・率性』に「『禹貢』曰謬琳琅玕者，此則土地所生真玉珠也。然而道人消爍五石，作五色之玉，比之真玉，光不殊別。兼魚蚌之珠，與『禹貢』璆琳，皆真玉珠也。然而隨侯以藥作珠，精耀如真，道士教至，知巧之意加也」。瑠璃という名称の由来は現在の学界の意見が基本的に統一で、つまり、「璆リン」を音訳してからのである。章鴻釗は『石雅』に「璆琳，流離也，或作瑠璃。曰流離者，約言之，詳言之為壁流離。流，璆音之諧；離，琳音之轉，實一物也。」[1]と書いてある。ガラスはスクリット語から起源して、最初に漢訳『妙法蓮華経』と『阿弥陀経』に見られて、「玻瓈」という単語になって、スクリット語のSpahtikaを音訳してからのである。考証によって、もともとSpahtikaは水晶である。顔神鎮炉業職人は錬成のストリップの半制品を「料」と呼ぶ。宋人は「藥玉」と呼び、元人は「罐子玉」と呼び、明清の人は「瑠璃」という古い名称を踏襲し、清ロイヤルは「瑠璃」の名を廃棄して、「ガラス」という名になっている[2]。『太平御覧』で『郡国誌』を引用して、「朔方太平城，後魏穆帝造也。太極殿瑠璃臺及鴟尾，悉以瑠璃為之。」と書いてある。『北史』に「瑠璃制造久失伝，太武時天竺国人商販至京，自雲能鋳造五色瑠璃。于是采礦山石于京師鋳之。既成，光沢美于西方來者。乃詔為行殿，容百余人。光色映澈，觀者見之，莫不驚駭，以為神明所作。自此中国瑠璃遂賤，人不復珍之。」と書いてある。考古と通して証明できて、例えば、山西省大同北魏みやこ古い城遺跡で発掘した文物で、瑠璃建築部材が発言された[3]。

　文献記載と考古発見の証拠を総合して、中国の古代、瑠璃は以下の三つの物を含める：1、天然玉石；2、瑠璃；3、建築部材である[4]。瑠璃は古代に珍奇な珍しい愛玩物の器物としていると言える。また、瑠璃は建築部材の瑠璃瓦としている。本文の「瑠璃」はグラスとだけのことで、ほかの意味は紙面限りで、検討しない。

　人類が最初使ったグラスは火山の噴火による酸性溶岩が凝結してなるものである。今から五千年前の古エジプトの墓でグラス器が発見したが、「Faience」と呼ぶ。中国の瑠璃器の発生は千年の歴史がある。瑠璃の起源については「西によって」と「自作」の争いがある。「璆琳」、「陸離」、「流離」、「壁流離」、「頗黎黎」という単語は外来語で、西方がグラスを応用するのは中国より早く発生したから、中国のガラスが西洋から起源するという言葉の由来は長い。中国の古典文書に瑠璃が西域から伝われるという記載がよく見られる。『漢書・西域伝』に「蜀賓国出壁流離」と書いてある。『魏略』に「大秦国（ローマ帝国）出赤、白、黒、黄、青、緑、縹、紺、紅、紫十種琉離」と書いてある。『魏書』に「波斯（今伊朗）出金瑜石、珊瑚、琥珀、東渠、瑪瑙、多大真珠、頗黎、瑠璃。」と書いてある。考古の発掘を通して、早期のグラス製品が沢山出土した。新疆のバイ城、塔城で出土したいくつかのガラス玉は現在中国で出土した一番早い早期なグラスである。埋葬位置はそれぞれ天山の南の麓と北の麓で、年代は正周から春秋時期までである。陽子を採用するX蛍光技術と誘導結合プラズマ発光スペクトルで、このグラスの成分を分析した。このグラスの成

[1] 章鴻釗、『石雅』、商務印書館、1921年、12ページ。

[2] 楊伯達、『楊伯達が芸術の文化財を議論する』、科学出版社、2007年、第137ページ。

[3] 蒋玄怡、『古代の瑠璃』、『文化財』、1959年の第8期限。

[4] 李清臨、『中国の古代のガラスと瑠璃の名実の卑見』、『武漢大学の学報』（人文科学版）、2010年の第5号。

分はNa2O-CaO-SiO2とNa2O-CaO-PbO-SiO2二つの体系にわけられる。中西アジア地域のグラスの製造技術を参考して当時の原料を使って作られたものである。遊牧民族はこの過程で重要な役割を演じた[5]。

また、1954年―1955年河南洛陽中州路、1955年―1957年の河南陝県の上村嶺、1955年―1957年の陝西灃西の張家坂、1964年の河南洛陽の龐家溝、1957年の陝西宝鶏市の茹家莊、1978年の山東曲阜県の魯故城、及び、ここ二、三十年に陝西省周源地区週墓で出土した大量のガラス管珠は時間からでも地域文布からでも、西周グラスを研究する物質条件が備える[6]。

湖北随県曽侯乙墓で出土した二百近くの瑠璃珠の分析からみると、一部分はイランキーランガラス玉（紀元前5世紀―紀元前3世紀）に似ているが、生地が違う。2002年に広西南寧で開催した中国南方古いグラスセミナーで、干福熹は中国古いグラスを研究する方面の新し成果を発表した。中国古代瑠璃は「鉛ガラスバリウム」を主としたが、広東、広西で出土した瑠璃は大体カリウムが高く、マグネシウムが低いグラスである。このグラスの酸化マグネシウムの含有量はただ0.06％から1.0％までである。それと比べて、古エジプトと地中海沿岸地区で出土したグラスの酸化マグネシウムの含有量はただ3％から9％までである。科学分析研究によって、西方古代のグラスと中国内地で自分が発展した古代のグラスは科学成分が違う。古エジプト、ローマ、ペルシャからイスラムガラスはナトリウムカルシウム珪酸塩システムに属する。しかし、中国内地の古代のグラスの科学成分はK2O、PbO、BaOを主としている。両方を区別しやすい[7]。

制作工芸について、弓魚伯墓で出土したガラス管珠に対しての観察、検査、鑑定の成果からみると、生地は冶銅鉱滓加粘土で溶解して作られるグラスで、成型工芸は裏地芯法である[8]。北京グラス研究所の研究員は色、透明度、成分から西周時期のグラスを研究した後で、中国瑠璃の発明と青銅溶解の技術と密接な関係があるという結論が出てきた。青銅のおもな原料はマラカイト、錫鉱石と炭で、溶解温度は1080℃ぐらいである。普通、ガラスは溶融、冷却、固形のケイ酸化合物と思われて、石英砂は溶製ガラスの主な原料、他の原料は純炭酸ソーダと石灰石などで、溶解温度は1200℃ぐらいである。青銅を溶解する過程で、各種のミネラルを融解するによって、排出した銅鉱山で珪素化合物の糸や結成のブロックが現れた。一部の銅粒子がガラス物質に侵入し、その様相に水色や薄い緑を呈する。この半透明、鮮やかな物質は職人たちの注意を引き起こした、長い間に続いている実践と探索によって、職人たち瑠璃の生産技術と規則を身につけて、中国の瑠璃文化が形成される。

二　中国の瑠璃文化

「有色同寒冰，無物隔纖玉。象箟看不見，堪將対玉人。」というのは唐代の詩人である韋応物の作品『咏瑠璃』である。自然凝動玉珠のような瑠璃を披露した。瑠璃は光の屈折を通して、違う角度から違う色を鑑賞できて、またこのような純粋な、境地が深い。瑠璃に対して違う解読は人類の知恵と感情を含める。女媧の手から散る色とりどりの不思議な石は人間の瑠璃になる。

瑠璃文化の内包に対する深い理解は制作技術の難し差もをのゆえである。ひとつ辺りの瑠璃の作品が容易ではないが、数十の工程の困難を経ている。高温の中で様々な色鉱石を溶け、繊細に琢磨して、最初のデザインから製錬、溶製、成型まで、各種の苦難と辛さを経ている。こうすれば、器になる。人々は瑠璃に無限な想像を与えて、素敵なビジョンを与える。その「火の中、水の中へ」の製造特徴で、瑠璃は仏教では千年の修行の化身で、瑠璃を仏教「七宝」の一つにならべている。

『金剛経』で「須菩提，于意雲何？若人満三千大千世界七宝，以用布施，是人所得福徳寧為多不？」と書いてある。仏教「七宝」は『法華経』『阿弥陀経』『無量寿経』などの経典で記載されたが、言い方が違う。『法華経』は七宝が金、銀、瑠璃、硨磲、硨碟、真珠、玫瑰で、『阿弥陀経』は七宝が金、銀、瑠璃、水晶、赤真珠、瑪瑙、琥珀で、『無量寿経』は漢、魏、唐、宋各代の版本が違う：

		銀	瑠璃	玻璃	硨碟	赤珠	瑪瑙
漢	金	銀	瑠璃	水精	硨碟	珊瑚	琥珀
魏	紫金	白銀	瑠璃	水精	硨碟	珊瑚	瑪瑙
唐	黄金	白銀	瑠璃	頗梨	美玉	赤珠	瑪瑙
宋	黄金	白銀	瑠璃	頗梨	硨碟	真珠	瑪瑙

金、銀、瑠璃、硨碟、瑪瑙は世の中に認められる。七宝の瑠璃は仏家の光と知恵を含めて、深い内包を育てて、灵物になり、供仏修行の神聖なものである。

『易伝』に「形而上とはかたちを知覚できないもの、かたちのあるものという意味だ。」と書いてある。簡単に理解すれば、世界の規律、自然の法律で、器は客観的な物事である。瑠璃は製錬溶製から形状の設計、図案の描画まで、及び色の巧みな寓意は深い意味を反映した。器が形態言語を通して趣と境界を伝えるということである。「道以成器為形而上，器以載道為形而下，形成于道而現于器」器の表現形式を通すだけでは、宇宙生命の精妙を感じられ、道と器は完璧に結合できる。瑠璃は人類の宇宙観と人文観、博大で深い中国伝統文化を反映している。小さな瑠璃から深刻な体現ができる。瑠璃芸術の器は文化の道と精神を載って、世界を悟る。

三　瑠璃は東と西との交流

「シルクロード」というのは19世紀末李希托芬によって提出されて、中国が西域を経て、ヨーロッパのギリシャローマ社会への交通路線の総称としている。シルクは最初中国で生産したので、五千年間の歴史があると思われる。紀元前4世紀ラテンの作家である克泰夏の作品にシルクがヨーロッパに伝われるという記録があった。シルクはユーラシアの経済、政治、文化と技術を繋げる大動脈の代名詞である[9]。数年前にユネスコはシルクロードの通路を明確してある：1、北方（草原）シルクロード；2、西北（砂漠）シルクロード；3、西南（仏教）シルクロード；4、南方（海上）シルクロード。漢に西域を開通した後で、中外交流の主要な通路である[10]。中国文化の交流に従って、外来物質文化と生産技術はにビジネスロードに沿って輸入された。瑠璃製品は、中国自分で製造したものを除いて、一部分は外国から輸入された。『漢書口地理誌』によると、「黄支国，民俗略與珠崖相類，其州広大，戸口多，多異物。自武帝以来皆献見，有譯長，屬黄門，與応募者具人海市明珠、璧流離、奇石異物，齎黄金、雜贈而往」と書いてある。

[5] 乾福熹、李青会など，『新疆拜城と塔城で出土するガラスビーズの初期研究』，『珪酸塩の学報』，第31巻の第7期。

[6] 楊伯達，『西周のガラスの初歩的な研究』，『故宮博物館院の院刊』，1980年の第2期。

[7] 乾福熹，『中国古代瑠璃の化学成分の変化と製造技術の起源』，『中国古代瑠璃技術の発展』，上海科学技術出版社、2005年。

[8] 同[6]。

[9] 布爾努瓦，『シルクロード』，山東画報出版社、2005年。

[10] 乾福熹，『古代のシルクロードと中国の古代のガラス』，『ネイチャー』，第28第5期。

　戦国と両漢時期に北方の砂漠シルクロードは主にガラスを輸入する通路であった。当時はガラス玉と飾りを主として、連れやすかった。東漢以後、海上シルクロードが開通されたから、隋、唐、宋及びその後、ガラス器の輸入は特に壊れやすい大型のガラス器が主に海上を通して、南方に接岸した後で、中原に運ばれた。中国古代の鉛バリウムけい酸ガラス、カリウムけい酸ガラスやカリウム鉛珪酸ガラス製品製品は海上シルクロードを通して、東アジア、東南アジアとインドに伝われた。西方がガラス器を製造する吹き込み技術と化学的安定性の高いナトリウムカルシウムの珪酸塩成分の導入によって、我が国が自分でガラスの製造技術を高めた。西方のナトリウムカルシウムの珪酸塩ガラスの化学成分を採用して、また吹き込みという方法で中国造形特色のガラス器を製造した[11]。

　出土した中国古代のガラス器からみると、吹き込み技術で、模型ないが成形した一番早い中国古代ガラス器は魏晋、南北朝と隋代（紀元3−6世紀）に属して、北方のシルクロードと密接な関係があった。わが国は最も早く輸入したガラス器にローマのかき混ぜ胎ガラス鉢（江蘇省にある県名甘泉漢墓で出土した、紀元1世紀）、筒型磨花グラス（南京象山琅ヤ王墓、紀元3世紀）、南京幕府山ガラス（紀元4世紀）、時代は東漢と南北朝初（紀元1世紀—3世紀）に属する[12]。

　南北朝時期は北魏都平城（今の大同市）で瑠璃工場を建てる大月氏（今アフガニスタン）瑠璃の商人がいった。『北史・大月氏伝』に「太武帝時，其国人商販京師，自云能授石為五色瑠璃。于是采礦山中，于京師鋳之，既成，光沢乃美于西方來者。乃詔為行殿，容百余人，光色映徹，観者見之，莫不驚駭，以為神明所作。自此，国中瑠璃遂賤，人不復珍之。」と記載される。原料の質が良くて、コストがすくなくて、生産量が増え、国内で普及していた。

　隋、唐二つの世代の領域が広くて、対外交流が異常に繁栄で、空前的な繁栄で、多元化の文化雰囲気を形成してきた。伝統的な瑠璃芸術は発展が多様化して、中国伝統なスタイルとペルシャスタイルがある瑠璃の器は多く出て来た。そして、生産プロセスも向上して、貼りプラスチック、ダイカストやカット・装飾などの手法もより精細になった。この時期の瑠璃器の業績は調度品、生活用品の瑠璃器の制作に表現して、主は瑠璃の瓶、瑠璃茶器、瑠璃カップなどである。1957年に陝西省西安市李静訓墓で12.5センチの瑠璃の瓶が出土した。この瑠璃瓶は口と腹の見下ろす面が楕円形で、北魏時代に伝わったわが国の吹き込み法を採用して作られた。壁がきわめて薄く、透明性も光度もよく、形態は中国の伝統的な造型で、南北朝時代に中国の吹き込みのガラス器は粗末である状況を変えた。化学検査によって、その生地は高い鉛ガラスとアルカリガラスで、中国の古い法瑠璃器で、隋代のガラス吹き込み技術のレベルを反映した。

　盛唐時代（西暦7—10世紀）中国は外国との交流がもっと広くなった。その時こそ世界の歴史でイスラム教徒とイスラム文化が起こってきて、それと同時にイスラムガラスが起こった。いくつかの大型のガラス器を外国から中国に伝われた。その中で最も有名なのは法門寺の地下宝物殿で出土したイスラムガラス器（西暦9世紀）である。これらのガラス器の製造、装飾工芸や柄にもイスラムガラスの特色を体現した。これらの輸入ガラスの化学成分はすべて異なるK_2O，MgOとAl_2O_3を含むナトリウムカルシウムの珪酸塩ガラスで、そして異なる時代に異なるタイプのナトリウムカルシウムの珪酸塩ガラスを輸入したのをマークした[13]。

　宋代、海外貿易の発展によって、この時期は、現在の浙江、福建、広東三省沿海の5つの重要な輸出港でかつて大量美しいシルク、磁器と漆器鉄器などの物を輸出したことがあったが、香料、真珠、犀角と家具用の上等木材などの輸入品があった、それと同時に一部のガラス製品も輸入された。程大昌は『演繁露』に「所鑄玻璃有與西域異者鑄之，中国則色甚光鮮，而質則軽脆，沃以熱酒，随手破裂。凡來自海舶者，是名番玻璃

也」と書いてある。趙汝適は『諸蕃誌』に「玻璃出大食諸国，焼煉之法與中国同。其法用鉛硝、石膏而成，大食則添入南鵬砂，故滋潤不烈，最耐寒暑，宿水不壞，以此貴重于中国。」[14]と書いてある。明代、方以智は『物理小識』に「三保太監鄭和曽攜西洋焼瑠璃人來。」と書いてある。これはその時すでに皇室に瑠璃を生産するため国外の経験がある職人の導入をとても重視することと説明した。

清康熙35年（1696年）に、内廷がガラス工場を設立したところを、ドイツの宣教師兼技師である紀理安（Kijian Stumpf 1655～1720年）は作技術指導をして、皇室のために専門的に各種の工芸器物を製造していた。中国古代の法瑠璃と西洋のガラス製造技術は清宮ガラス製品工場で合流された。そして焼造瑠璃瓦である「瑠璃厂」との名称が混同するのを避けるように、新設した工場の名を「ガラス工場」に決めた。生産した器物も一律に「ガラス」ではなく「瑠璃」と呼ばれる。腕利きの職人たちは多彩な技と知恵によって焼き色が豊かな、性質が精純な瑠璃の器をを鍛えた。無型吹き込みや型吹き込みなどの技法を採用して、数十種類の器物をつくった。また中西違う芸術加工技法を利用して、多くの工芸品種を生み出した。のひき琢を経た色刷りの瑠璃は清朝の瑠璃の装飾芸術での最も重要なの試みである。この技術は白瑠璃胎にさまざまなカラー瑠璃の図案インゴットを張って、そしてのひき琢を経てなり、瑠璃の製造技術を新たな歴史の段階に高めた。

瑠璃の起源と発展段階を見渡して、古いシルクロードは国内外の交通を開いた。中国の絹織物などの製品と技術を西洋に伝わって、西洋の文化と技術を中国へ伝わってきた。その後の数千年の間に、西洋の交流は双方の共同発展を促進した。きっと中外文化史の中の輝かしい章であ。孔子は「四海之内皆兄弟也。」といった。中国の文明はいつまでも海のような包容の心があって、開放の態度で発展して、強くなてきた。千年間のシルクロードの黄砂の下に埋められていた小さな瑠璃遺物は証明できる。

孔子は「溫故而知新，可以為師矣」といった。今回の「中国西域・シルクロードの伝奇」文物展覧会は多元の文化の友好交流のテーマが長崎孔子廟の舞台に登場できるように願う。瑠璃のようにすばらしい期待と同じような――この世界はカラフルな同時に、あの澄み切っと穏やかさを守ることができる。

[11] 同[10]。

[12] 乾福熹、『中国古代のガラス――古代の中、外文化と技術交流の目撃証言』、『中国の古代のガラス技術の発展』、上海科学技術出版社、2005年、第242～249ページ。

[13] 同[12]。

[14] 程朱海、『我が国の古代のガラスの発展を探る』、『珪酸塩の学報』、第9巻の第11期。

西域古国及多种语言文字

新疆文物考古研究所　艾尼瓦尔·哈斯木

　　贯通欧亚的丝绸之路，是古代中国经中亚通往南亚、西亚以及欧洲与北非进行贸易和文化交流的国际甬道。在海路开通之前，各种物品、各类文化及各种宗教与思想，均通过该通道进行着双向交流。这种交流在给人类社会带来了更多的物质和文化交流，对整个人类社会的发展乃至对现代文明世界的形成，产生重要影响的同时，也推进了新疆本地的经济文化发展。古代新疆以其独特的地理风貌，适宜于农业畜牧业发展的自然地理条件，无法替代的交通位置等孕育了具有自己特色的文化景观。生活在天山以南塔里木盆地边缘各绿洲、包括东部地区的哈密绿洲与吐鲁番盆地在内的古代居民，与生活在天山以北地区的古代民族，在语言、族属、生活方式、文化等方面形成既有联系又有所区别的局面。近百年来的考古调查与发掘以及对各个领域的专题研究成果也表明，各种文化的汇聚与交融，多种宗教的传播，以及当地居民对外来文化所持有的吸收与相容态度，使这里很早就成为各类文化得以交融发展的大舞台，出土的大量珍贵文物及丰富的古文字文献记载就是明证。

一　西域古国与古代居民

　　古代西域位居东西文化交流的要冲，始终是诸多民族聚居、诸多文化交融的地区。因而古代新疆的发展，也大致以天山为界，形成两个相互依存，各具特色的文化区。在汉代，天山以南各绿洲以农耕为主地区，出现了相互独立的小国家，史称"居国"或"城郭之国"，由于这些小国有三十余个，所以《汉书·西域传》称其为"西域三十六国"。至西汉末年，西域诸国形势发生重大变化，诸国之间自相分割，由36国一度发展为五十余国。但无论是36国，还是五十余国，这些围绕绿洲所创建的城邦，创造了绿洲城邦文化。因而天山以南有着自身独特的风土人情和历史文化特点，它是丝绸之路绿洲文化的代表。绿洲文化不仅演绎着从狩猎经济向农耕经济过渡的历史进程，而且也是天山以南戈壁、沙漠等特殊地带特有经济的综合以及在此基础上形成的政治与文化艺术、宗教生活等；而天山以北的草原上形成了游牧民族的"行国式"草原游牧文化。草原文化，实际上指天山以北地区，以山地和草原等自然环境为基础，"逐水草而居"的古代居民在其发展进程中形成的政治、经济、文化艺术、宗教信仰和社会生活等方面的总称。从透射的文化信息看，草原文化演绎着自狩猎经济走向游牧经济的历史，是行国骑马民族兴衰的历史[1]。目前所见岩画、岩刻画、草原石人与鹿石则是最好

[1] 祁小山、王博编著：《丝绸之路·新疆古代文化》，新疆人民出版社，2008年，前言第12～13页。

的明证。至汉唐时期，农耕文明与草原文化在新疆大地得到极大的发展与丰富，这些作为丝路文化重要的部分，在历史篇章中占据着重要的位置。

就天山以南而言，考古发现和文献资料证明，在塔里木盆地周缘的各绿洲、吐鲁番盆地以及哈密绿洲中较早就存在古人类活动的踪迹，并遗留下大量的文化遗产。陆续发现的哈密焉布拉克、五堡、天山北路墓地和东黑沟遗址、吐鲁番地区的交河故城沟西台地、沟北、三个桥、鄯善苏贝希与洋海墓地、乌鲁木齐的乌拉泊与柴窝堡墓地、和静察吾呼沟、轮台群巴克和克孜尔水库墓地、孔雀河下游的古墓沟与小河墓地、且末县扎滚鲁克墓地等青铜至早期铁器时代的史前文化遗存，以及出土丰富的各类文物，表明天山以东乃至天山以南环塔里木盆地周缘之诸绿洲，均有着久远的历史与深厚的文化底蕴。步入历史时期以后，对于绿洲城邦国家之记载，始见于文献，但记载基本非常简洁。譬如《史记·大宛列传》有："大宛在匈奴西南，在汉正西，去汉可万里。其俗土著，耕田，田稻麦。有葡萄酒。多善马，马汗血……有城郭屋室……其北则康居，西则大月氏，西南则大夏，东北则乌孙，东则扜弥、于阗。于阗之西，则水皆西流，注西海；其东水东流，注盐泽……而楼兰、姑师邑有城郭，临盐泽。盐泽去长安五千里"[2]。《汉书·西域传》有："西域诸国大率土著，有城郭田畜，与匈奴、乌孙异俗"[3]之记载。而天山以北，随着阿勒泰地区的切木尔切克，伊犁河谷的穷科克、恰甫其海、吉林台、乌孙土墩墓和波马等墓地的发现，以及大量反映草原文化之精美文物的相继出土，该地区历史文化面貌也逐步为世人所知晓。

两汉以后，西域政治格局发生了很大的变化，高昌、焉耆、龟兹、鄯善、疏勒、于阗、莎车等国逐渐成为天山以南地区富有生命力的政治势力，在推动西域政治经济与文化的发展，对丝绸之路的畅通与繁荣发挥了积极的作用。隋唐乃至以后可谓西域历史发展进程中最主要的时期，此时的绿洲居民基本以农业为主，手工业与文化艺术也得到全面发展。然从考古发现和文献记载来看，天山以南和以东地区，因较早就开始了定居农耕生活，故农耕文明的因素显得较为突出。在天山以北地区，自先秦至两汉时期先后有塞种、大月氏和乌孙、匈奴等游牧部族在此活动，魏晋南北朝至隋唐时期主要有乌孙、悦般、柔然、高车、嚈哒、突厥等游牧民族或部族创造了草原游牧文化，并遗留下大量的文化遗产。

论及西域古代居民，历史上在西域活动的古代民族虽很多，且在少数先秦文献如：《穆天子传》中有"赤乌之人"、"曹奴之人"；《禹贡》中有"昆仑、析支、渠搜、西戎"；《山海经》中有"大夏、竖沙、居繇、月氏"；《逸周书》中有"昆仑、狗国、大夏、莎车"；《大戴礼记》中有"渠搜、氐羌"等等，但指称的是人？是族？是国？均不清楚[4]。步入历史时期后关于西域古代居民之记载显得较为清晰，其中《汉书·西域传》中有姑师、车师、蒲类、单桓、且弥、卑陆、乌孙、狐胡、鄯善、焉耆、龟兹、温宿、蒲犁、捐毒、疏勒、莎车、于阗、精绝、且末、若羌、塞种、月氏、匈奴、氐、羌等许多国名或族名，

[2]《史记·大宛列传》卷一二三，中华书局点校本。

[3]《汉书·西域传》卷九六，中华书局点校本。

[4]余太山主编：《西域通史》，中州古籍出版社，1996年，第34页。

《匈奴传》中又有丁零、坚昆、乌揭等。关于汉代以后生息或活动在该地区诸民族，文献记载比较明确。综合文献记载与考古发现，历史上在西域聚居与活动的古代民族很多，但主要有塞种、姑师（亦称车师）、月氏、乌孙、汉、羌、匈奴、鲜卑、丁零、铁勒、吐谷浑、嚈哒、柔然、突厥、回鹘、粟特、吐蕃、契丹乃至蒙古等部族或民族。他们相继建立了车师、焉耆、龟兹、楼兰、鄯善、精绝、于阗、疏勒、莎车、月氏和乌孙等国。这些民族是随着民族大迁移的浪潮入居西域的，他们的到来不仅改变了当地居民成分单一的结构，同时也为当地民族文化的繁荣与发展注入了活力。

汉以后随着西域都护府的设立、丝绸之路的进一步畅通和屯田制的推行，新疆成为了东西方政治联系和经济文化交流的桥梁，尤其是以儒家文化为核心的中国传统文化，开始影响西域地区。同时，西方的物质文明与精神文明，包括众多的语言文字、各种物品与货币以及宗教等亦远播至此。正因为古代人类的开拓精神，使西域这块闭塞的荒凉之地，竟然成了一个巨大的"文化市场"和人类优秀文化的荟萃之地，最终大大丰富和促进了当地文化的发展。这里一方面吸收着外来文化，创造了绚丽多彩的地域文化，同时又以自己独具特色的地域文化丰富着中华民族的文化宝库，形成了汇聚各地区乃至各民族文化的大熔炉。在这个文化交流的过程中，西域古国及古代西域居民除扮演着中介角色外，还从众多文化中加以综合和改造，形成了独特和多姿的地域文化。

二 发现的古文字及种类

综观历史，人类社会的进步与各民族精神文明的发展，都有赖于各种优秀文化的相互影响。各种文化在交流中必然要取长补短，对比择善，这可谓社会文明发展的必然现象。新疆自古以来就是诸多民族聚居之地，在不同的历史时期这里居住与生活过许多的部族和民族，在物质文化进行交流的同时，各民族各地区的文化在此地得以交融，进而使各种文明奔涌而至，极大地丰富了当地文化，同时也形成了中华文化中独特的篇章。

新疆古代文明由于在封闭的自然生态环境中，是以开放性为特征而产生的一种多元文化模式，因而带有多元色彩，而且自秦汉时起，其独特的文化结构已经成型。由于西域历来人种复杂，多民族聚居，语言并非统一。据不完全统计，先后在新疆地区使用过的语言有二十余种。但是因历史的变迁和社会的发展，许多文字因诸多原因被人们所放弃，使其变成了死文字或半死文字，故而直到19世纪末20世纪初，随着外国人在新疆地区的考古考察活动达到高潮而逐渐被发现。当时来新疆地区的有沙俄、英、法、德、瑞典、日本等国的"探险队"和"探险家"，他们在新疆考察时进行了考古发掘，取走了大量珍贵文物，其中包括不同语言、多种文字的文献，而且数量较大。据德国学者A．V．勒柯克（Albert von LeCoq）的看法，在这里发现了17种语言24种文字[5]。实际上，勒柯克等人从新疆

[5] 耿世民：《维吾尔族古代文化和文献概论》，新疆人民出版社，1983年，第86页。

获得的文献所反映之语言与文字远超出了他所说的数量。

中华人民共和国成立至今，我国文物考古工作者在新疆地区进行的考古发掘与调查中，从天山南北的古墓葬与古遗址内，除发现丰富而珍贵的文化艺术精品外，还发现多种文字的木简、木牍、纸卷、金铭石刻、印章和有铭文的古钱币等。其内容相当广泛，涉及经济、政治、军事、宗教、历史、文学、法律、医药、历法等许多方面，所涵盖的内容极为丰富。

根据考古发现以及开展文物征集所获古文献来看，新疆发现的古文字种类较多。依据研究情况，我们可将新疆发现的古文字分为四大文字系统，即汉文文字（或华夏文字）系统、阿拉米文字系统、婆罗米文字系统和腓尼克文字系统。其中有死文字，亦有半死文字。汉文字系统的古文字有汉文、西夏文、契丹文和日文；阿拉米文字系统的有佉卢文、帕赫列维文、粟特文、摩尼文、突厥卢尼文、回鹘文、希伯来文、阿拉伯文、哈卡尼亚文、波斯文、回鹘式蒙文、叙利亚文、察合台文、满文和托特蒙文；婆罗米文字系统包括梵文、疏勒文（书写疏勒语之婆罗米文变体）、焉耆－龟兹文（亦称吐火罗文A－B）、于阗文（亦称于阗塞文）、吐蕃文、吐火罗式回鹘文、八思巴文。另外，还发现了希腊文和拉丁文。

在众多的古语言文字中，汉文以新疆发现古文字中时代最早，分布区域最广，类别最多，包括钱币、木简、石刻、碑铭、墓表墓志、纸文书、印章、织物，以数量最大，内容最丰富，研究价值高而著称。其次则是佉卢文、焉耆－龟兹文、回鹘文、于阗文、粟特文、吐蕃文和察合台文等，还有些古文字，譬如：西夏文、契丹文、希腊文、拉丁文和日文等文献发现量极少。

汉文文献以吐鲁番出土汉文文书为主，形式有契约（包括租佃、买卖、雇佣、借贷等）、籍账（包括手实、计账、户籍、受田账、退田账、差科簿、定户账和地券等）官府文书（包括符帖牒状、审理案件时的辩词和记录、授官授勋告身、行旅的过所和公验、收发文簿、收支账历等）、私人信札、经籍写本、随葬衣物疏、功德录等。内容涉及政治、经济、军事、思想、文化和宗教等方面。所发现的世俗文书，有些可补史籍记载之缺略，有的则可辨证史书记载的误正。再则，文书中许多年号，过去鲜为人知，其中有的根本不见于史书记载，有的则与史书所记之干支年号不符。因而，通过对这些问题的研究，可以弄清历史上遗留的很多疑团。这些具有丰富的社会内容和鲜明的时代与地区特点，在内容上对当时的政治制度、经济措施、军事行动、文化教育、意识形态以及生活习俗等各个方面，重大历史事件，著名历史人物，甚至平民百姓的生活琐事都有反映。它不仅为我们研究吐鲁番盆地乃至整个西域历史地理、社会经济生活等诸方面提供了极为丰富的材料，而且所留存的文书对于研究当时的语言文字的使用情况，文化的交融传播，书法艺术等都是不可多得的重要资料。

而民族文字之文献有佉卢文、焉耆—龟兹文、吐蕃文、回鹘文、阿拉伯和哈卡尼亚文等。其中，除有与世俗有关的官府文书、契约、公私来往信函之外，宗教文献颇多，而佛教文献居重要的位置。在民族古文字文献中具有代表性者为焉

奢文《弥勒会见记》、回鹘文《弥勒会见记》、粟特文《买卖女婢文书》和哈卡尼亚文《请伯克赏赐财物书》等。

三　发现的古代语言及语系

新疆发现的语言包括历史上长时间或一度在这里居住与生活过，有本民族特有的文字或没有文字，及通过丝绸之路传入的各种语言。据发现的古文字种类和研究情况来看，自新疆发现的古代语言，主要属于印欧语系、阿尔泰语系、汉藏语系和闪含语系。

1. 属印欧语系的语言

有塞语、吐火罗语、犍陀罗语、梵语、粟特语、婆罗钵语、帕提亚语、大夏语、新波斯语等。塞语：属印欧语系伊朗语族东伊朗语支，目前塞语文献已经可以分出于阗（塞语东部方言）、扜弥（为斯坦因从位于克里雅河西岸之丹丹乌里克佛寺遗址发现的属婆罗米文字系统之文书所采用的语言）和据史德语（图木舒克语或古巴楚语，属塞语的西部方言）三种方言[6]。吐火罗语：它和印欧语系西支Centum语组的凯尔特语、意大利语很相似。其有四种方言，即吐火罗语A和B（吐火罗语A亦称"东部吐火罗语"或"焉耆语—高昌语"，吐火罗语B亦称"西部吐火罗语"或"龟兹语"）为前两种方言；但有些学者认为在楼兰出土的佉卢文简牍中存在吐火罗语的第三种方言；据语言学家们的研究分析，塔里木盆地发现的佉卢文文书的语言不是单纯的犍陀罗语，它杂有许多土著方言，其应属于犍陀罗语传入楼兰之前，楼兰人讲的一种吐火罗语。随着研究的深入，个别学者认为吐火罗语的第四种方言为月氏语[7]。犍陀罗语（Gāndhrrī）：属印欧语系中古印度雅利安语俗语方言。采用佉卢文书写的这种文字，曾一度以印度西北俗语和中亚俗语来称之，对于该语言源于犍陀罗地区得以确定后，据英国语言学家贝利（H. W. Bailey）的建议，此语言在学术界开始以"犍陀罗语"称之。大约在公元2世纪后期，犍陀罗语传入塔里木盆地周缘的于阗、楼兰、龟兹、巴楚等地。然而时过不久，于阗、龟兹、巴楚等居民开始以婆罗米文字系统的文字来记述自己的语言，只有楼兰始终将佉卢文和犍陀罗语使用到公元4世纪末。粟特语：属印欧语系中古伊朗语东部方言。主要采用粟特文、摩尼文和叙利亚文书写。以该语言书写的有许多佛教、摩尼教和景教文献。20世纪初，德国探险队自吐鲁番葡萄沟、交河故城、高昌故城，焉耆硕尔楚克佛寺遗址，库车克孜尔千佛洞，和田地区的麻扎塔格等地获得大量粟特语文献。斯坦因也曾在楼兰与和田的古遗址中发现过粟特文文书。中华人民共和国成立后，粟特语文献在吐鲁番地区发现得较丰富。另外，立于昭苏县小洪纳海的突厥石人上刻有20行粟特文铭文。高度为230厘米的这件西突厥时期石人，为重要的历史文物。梵语：属印欧语系印度——伊朗语族印度（又称印度——雅利安）语支的语言。据语言学家研究，佛陀最初传教的语言发源地的语言——半摩揭陀语（Ardhá-Māgdhī），在其他地区则采用当

[6] 林梅村：《西域文明——考古、民族、语言和宗教新论》，东方出版社，1995年，第134、137页。

[7] 同[6]。

地的俗语（Prakrit）。后来，随着佛教上升为统治阶级信奉的宗教，佛教徒开始改用印度贵族语言梵语。新疆发现的用婆罗米文变体——梵文拼写的文献，主要发现于库车和拜城的苏巴什佛寺遗址、库木吐拉千佛洞、克孜尔千佛洞，都勒都尔阿护尔、克力西、阿其克依来克等佛教遗址，焉耆七格星佛寺遗址，吐鲁番地区的交河故城、高昌故城、柏孜克里克千佛洞、胜金口、库鲁克塔格、吐峪沟等遗址，和田地区的哈达里克、巴拉瓦斯提、达麻沟、丹丹乌里克、安迪尔、帕尔哈提伯克草原、山普拉等遗址，喀什地区的巴楚县图木舒克佛寺遗址等地。大夏语：为古代国名，其疆域包括阿姆河流域与英都库什山地区，即今阿富汗北部和乌兹别克斯坦、塔吉克斯坦的一部分。20世纪50年代以来，一些以草体希腊文（该草体亦被称为厌哒文）铭刻的碑铭在阿富汗、巴基斯坦北部和乌兹别克斯坦南部的遗址中相继被发现，但据语言学家研究结果，铭文的语言不属希腊语，实际上其语言系古伊朗语东部方言。英国语言学家亨宁（W. B. Henning）依据属该语言的最早碑铭都分布在古代大夏境内这一点，故命名为是"大夏语"，然同时，有部分学者也提出其应为"真正的吐火罗语"。据说，本世纪初在楼兰发现的希腊文草体书写之文书残片时代在公元3～4世纪间，和吐鲁番发现的（主要为佛教、摩尼教写经）以希腊文草体拼写的大夏语文书，时代在公元7～9世纪间。婆罗钵语：中古伊朗语的主要形式之一，即南部方言。作为萨珊朝官方语言的该语言，使用于公元3～9世纪之际。用帕赫列维文、摩尼和粟特文书写的文书主要发现于吐鲁番地区。20世纪初，德国考察队在吐鲁番高昌故城和葡萄沟废寺遗址发现了一批帕赫列维文文献。新疆发现的波斯萨珊朝银币，其铭文亦为帕赫列维文。帕提亚语：属中古伊朗语的北部方言，为公元前247～公元224年立国之帕提亚王朝的官方语言。新疆所见以摩尼文、粟特文书写的文书全部发现于吐鲁番地区。上个世纪初，即1902～1907年，格伦威德尔和勒柯克所率德国考察队在吐鲁番高昌故城、柏孜克里克千佛洞和胜金口佛寺遗址获得大批帕提亚语文献。新波斯语：新疆发现的新波斯语文献基本为用摩尼文、叙利亚文、希伯来文和在阿拉伯字母基础上创制的波斯文来书写的。该语言采用的是公元8世纪左右活动于伊朗南部的波斯部落使用的一种方言，自阿拉伯帝国在伊朗东部建都后，成为了官方语言（现在的波斯语就是在这个语言的基础上形成的）。

2. 阿尔泰语系的语言

就没有文字的民族而言，有乌孙、匈奴（对于匈奴有无文字直至目前还没有定论）、鲜卑、柔然、高车、吐谷浑等的语言都属阿尔泰语系。属该语系有文字的民族有突厥、回鹘、契丹、蒙古、满族等。其中，回鹘为历史上使用过文字种类最多的民族。历史上回鹘人使用的或用于书写回鹘语古文字较多，譬如：有突厥文、粟特文、回鹘文、摩尼文、焉耆—龟兹文、哈卡尼亚文、叙利亚文、吐蕃文、八思巴文等。除此，对于回鹘人可能还使用过汉文也有记述[8]。显然，文字的演变和更换及使用大量的文字，主要与回鹘社会不同时期的经济、政治、文化（主要是宗教信仰）有着密切的关系。在众多的文字中，当然回鹘文为回鹘人使

[8] 麻赫默德·喀什噶里：有"回鹘人还有和秦人相似的另一种文字，官方文牍都使用这种文字。除了非穆斯林的回鹘人和秦人外，其他人是不认识这种文字的"之记载，见《突厥语大词典》（汉文版），第一卷，第32页。这里所指的"与秦人相似的另一种文字"有可能指汉文。

用时间最长，发现文献最丰富，影响最大者之一。

3. 汉藏语系的语言

属于这一语系的语言有汉语、羌语（羌族没有文字）、吐蕃语、党项语（即西夏文所表达的语言）。

4. 闪含语系的语言

从新疆发现属于该语系的语言有阿拉伯语、犹太波斯语和叙利亚语等。阿拉伯语属闪语系，1959年、20世纪70年代初、1979年和1980年相继在新疆巴楚县脱库孜沙来故城发现的喀拉汗朝时期的阿拉伯语文书（现藏于新疆维吾尔自治区博物馆）。犹太波斯语，属闪语族。公元前6世纪末，古波斯帝国征服巴比伦，这里的犹太人成为波斯帝国的臣民。约公元前250年，希伯来语口语已不复存在，在犹太本土为阿拉米语取代，在波斯为犹太波斯语取代，希伯来语继续被用作一种书面语言。所谓犹太波斯语指，从犹太人说的波斯语中吸收许多词语的希伯来书面语言。1900年，斯坦因在新疆和田东北大沙漠深处丹丹乌里克遗址发现了公元718年希伯来文犹太波斯语书信[9]。叙利亚语属闪语族西北语支，到了公元14世纪时，阿拉伯语取代了古代叙利亚语的位置。1905年，以勒柯克为首的德国考察队在高昌故城郊外一景教遗址和吐鲁番北部的景教遗址发现了几篇9世纪末Estrongelo文（即后世所谓叙利亚文）叙利亚语景教祈祷文献。另外，新疆维吾尔自治区博物馆、霍城县博物馆现藏有伊犁发现的元代叙利亚文墓石刻。

中国新疆发现的古代语言文字文献，种类繁多，内容十分丰富，具有极高的历史价值。它们是研究和正确阐明新疆历代政治、经济、文化（包括文化交流）、民族、宗教等诸方面的第一手资料。这批古文献作为"能说话的"历史见证，可弥补汉文史料的不足。内涵极为丰富的多种语言文字文献，有许多课题尚待研究，需要更多的学者投身到新疆古文献研究工作中来。

总之，新疆是我国一个具有自身鲜明特点的地区，几千年来，在这块土地上各族文化遗产，尤其是各民族之间、中外之间的经济文化交流在推进地区文明化进程之同时，对各种文字的传播使用和多元文明的汇聚与发展变化也起到了促进作用。形成新疆多元文化的因素有很多，但归结起来，主要表现在两个方面：一是特殊的人文地理环境，二是自古以来多民族聚居分布的格局。因为不同的民族，操不同的语言，在不同的历史阶段，采用不同的生产、生活方式，信仰不同的宗教，这种情况使新疆文化呈现出多元文化形态。因而多元文化作为新疆古代文明的一部分，不仅在西域文化史中占据着重要的位置，同时在中华民族文化史无疑亦占有特殊的地位。

[9] 林梅村：《西域文明——考古、民族、语言和宗教新论》，东方出版社，1995年，第147页。

西域古国と多種言語文字

新疆文物考古研究所　艾尼瓦尔・哈斯木

　ユーラシアを貫くシルクロードは中央アジアを経由して、南アジア、西アジア、ヨーロッパへいって、北アフリカと貿易往来、文化交流する古代中国の国際通路である。海路を開通するまえに、さまざまな品物、文化、宗教、思想などがこの通路を通して両方交流を実現する。この交流は人にもっと物質と文化交流をもたらすだけではなく、人間社会の発展と現代文明の形成に影響を及ぼしながら，新疆の経済、文化などの発展を推進する。古代新疆は独特な地理環境、農業牧畜業に有利な自然環境、そして重要な交通位置によって、地方色がある文化景観を形成する。それで、天山以南のタリム盆地へりのオアシス、東部ハミ地区とトルファン盆地が含まれる古代居民は天山以北で生活している古代居民と言語、族籍、生活習慣、文化などの形成方面で関連も区別もある。百年以来の考古調査と各分野の研究成果によって、各文化の融合、各宗教の伝播、及び地元居民が外来文化に対して、吸収と融合態度を持っているので、ここは早い時に各文化が融合と発展の舞台になった。出土した多くの貴重な文物と豊富な古代文字の文献は明証である。

一　西域古代国と古代居民

　古代西域は東西文化交流の要衝に位置して、ずっと多くの民族の集落で、多くの文化の融合するところである。それで、古代新疆の発展は大体天山を境にして、相互依存とそれぞれ特色がある二つ文化区を形成した。漢代に天山以南のオアシスは農耕を主とした地域で、独立な小さい国が出てきて、「居国」あるいは「城の国」と呼ばれていた。この小さい国が30余りあるので、『漢書・西域伝』に「西域三十六国」と呼ばれている。西漢末年まで、西域諸国の形勢は大きく変わって、諸国がお互いに分割して、36ヶ国は50余り国になったことがあった。36ヶ国でも50余り国でも、このオアシスを巡って建てられる都市はオアシス都市文化を創造した。天山以南に独特な風俗習慣と歴史文化があるから、シルクロードのオアシス文化の代表になる。オアシス文化は狩猟経済から農業経済までの歴史発展を演繹することだけではなく、天山以南の砂礫や砂漠など特殊地帯で特有の経済総合及びそれをもとにして、形成した政治、文化、芸術、宗教などである。ところが、遊牧民族は天山以北の草原で「移動式」の遊牧文化を形成しました。草原文化というのは天山以北の地区に山地と草原などの自然環境を基づいて、「水や草を求めて移動する生活」のような生活をしている古代居民が発展の過程で形成された政治、経済、文化、芸術、宗教などの総称である。透過

の文化情報からみると、草原文化は狩猟経済から遊牧経済までの歴史発展を演繹して、移動国遊牧民族の盛衰歴史[1]である。今まで発見された岩絵、岩描写、草原石人、鹿石などは一番の明証である。漢唐時代に至るまで、農耕文明と草原文明は新疆で大幅に発展され、豊富になり、シルクロード文化の重要な部分として歴史の中で重要な位置を占める。

　天山以南からみると、考古発見と文献資料によって、タリム盆地へりのオアシス、トルファン盆地、ハミのオアシスで昔から古人類活動の痕跡があって、豊富な文化遺産が残っている。次々にハミの焉布拉克、五堡、天山の北路墓地、東黒溝遺跡、トルファン地区の交河古い城溝西台地、溝北、三つの橋、ビチャン苏贝希と洋海墓地、ウルムチのオラ泊と柴巣堡墓地、静と察吾呼溝、轮台群バックと克孜尔ダムの墓地、孔雀川の下流の古墓溝と小川墓地、且末県扎滾鲁克墓地などのところで青銅時代から早期鉄器時代までの先史文化遺物、さまざまな出土品は天山以東と以南タリム盆地へりの各オアシスは悠久な歴史と深い文化意味を持っていることを表現した。歴史時代に入ってから、オアシスの都市についての記載は文献で初めてみられたが簡潔である。例えば[2]『史記・大宛の列伝』に「大宛在匈奴西南，在漢正西，去漢可万里。其俗土著，耕田，田稲麦。有葡萄酒。多善馬，馬汗血…有城郭屋室……其北則康居，西則大月氏，西南則大夏，東北則烏孫，東則扜弥、于闐。于闐之西，則水皆西流，注西海；其東水東流，注塩澤……而楼蘭、姑師邑有城郭，臨塩澤。塩澤去长安五千里。」と書いてある[3]。『漢書・西域伝』に「西域諸国大率土著，有城郭田畜，与匈奴、烏孫異俗」と記載してある。天山以北はアルタイ地区の切木尔切克、イリ河穀の窮科克、恰甫其海、吉林台、烏孫土墩墓と波马墓地の発見、及び大量な草原文化を反映する文物の出土に従って、ここの歴史文化は世間に知られた。

　漢代後、西域政治は大きく変わって、高昌、焉者、亀茲、ピチャン、疏勒、ホータン、ヤルカンドなどの国はだんだん天山以南で生命力が富む政治勢力になり、西域の経済、政治と文化の発展を推進し、シルクロードの順調と繁栄を積極的な影響を及ぼした。隋、唐及びその後は西域歴史発展の過程で一番重要な時期と言えて、その時、オアシス居民は基本的に農業を主として、手工業と文化芸術も全面的に発展した。考古発見と文献記載によって、天山以南と以東地区は昔から定住農耕で生活しているから、農耕文明は格別によく発展した。天山以北地区では秦代から隋唐まで烏孫、烏般、柔然、高車、嚈哒、突厥などの遊牧民族と部落は草原遊牧文化を創造して、豊富な文化遺産を残った。西域古代居民と言うと、歴史上、西域で活動している古代民族はたくさんあるが、少数の先秦文献に：『穆天子伝』の「赤烏之人」、「曹奴之人」；『禹贡』の「昆侖、析支、渠捜、西戎」；『山海経』の「大夏、竪沙、居繇、月氏」；『逸周書』の「昆侖、狗国、大夏、莎車」；『大戴礼記』の「渠捜、氏羌」と記載しています。これは人間？ 族？ 国？ よく知らない[4]。歴史時代に入ってから西域古代居民についての記載は明確になる。『漢書・西域伝』に「姑師、車師、蒲類、単桓、且弥、卑陸、烏孫、狐胡、鄯善、焉者、亀茲、温宿、蒲犁、捐毒、疏勒、莎車、于闐、精絶、且末、若羌、塞種、月氏、匈奴、氏、羌」などの国名と族名が記載されて、『匈奴伝』に「丁零、堅昆、烏揭」などが記載されている。漢代後ここで生活している諸民族についての記載文献は明確である。文献記載と考古発見を総合してみると、歴史上西域で集まって住居していた古代民族はたくさんあったが、主にプラグ種、姑師 (或いは車師)、月氏、烏孫、漢、羌、匈奴、鮮卑、ちりん、鉄勒、吐谷渾、嚈哒、柔然、突厥、遊牧ウイグル、粟特、吐蕃、契丹、モンゴルまでである。これらの部族は次々に車師、焉者、亀茲、楼蘭、ピチャン、入神、ホータン、シュレ、ヤルカンド、月氏と烏孫を建てた。これらの部族は民族大移動につれて西域に移住してきた。これは当地居民の単一な成分構成を変えるだけではなく、当地民族文化の繁栄と発展に

活力を注ぐ。

　漢代後西域都護府の成立、シルクロードがいっそう順調になり、屯田制の実行に
つれて、新疆は東西政治連結と経済文化交流の橋になる。特に儒家文化を中心とする
中国伝統文化は西域地区に影響を及ぼし始めた。同時に、欧米諸国の言語文字、品
物、通貨、宗教などを含む物質文明と精神文明はここに伝わられる。古代民族は開拓
精神があるからこそ、閉塞で荒涼の地である西域は巨大な文化市場と優れた文化を集
まるところになって、やっと当地文化が大幅に発展することを促進した。ここは外来
文化を受けながら、輝かしい地域文化を創造して、独特な地域文化で中華民族の文化
宝庫が豊富になって、各地域のひいては各民族の文化を融合する炉になった。文化交
流の中で、西域古国と西域居民は仲介役を演じるだけではなく、各文化を総合して改
造して、独特なさまざまな地域文化を形成した。

二　発見された古文字と種類

　歴史を総合的に見って、さまざまな優れた文化の相互影響を頼りして、人間社会
が進歩して、各民族の精神文明が発展してきた。文化交流で他人の長所を取り入れ、
自分の短所を補い、比べてよいものを選ぶのは社会発展の必然な現象である。新疆は
昔から諸民族の集落として、違う歴史時期にここで生活している部族と部落は物質文
化を交流しながら、各民族各地区の文化を行雲流水のように融合して、さらに、各文
化が飛びついたから、極大に当地文化を豊富にして、中華文化での独特なユニーとを
形成した。

　新疆古代文明は密閉的な自然環境で、開放性を特徴として生み出した多元文化モ
ードであるので、多元の特徴をもっている。秦漢時代から、独特な文化構成はもう形
成された。昔から西域は人種が複雑で、多民族で集まって住居していたから、言語が
統一ではない。不完全な統計によると、新疆で前後使えられた言語は20余り種類があ
ったそうだ。しかし、歴史の変遷と社会の発展に従って、たくさんの言語は捨てられ
て死文字と半死文字になった。それで、19世紀末から20世紀初まで外国人が新疆地区
での考古考察活動が盛んになるにつれて、発見された。当時新疆にきったロシア、イ
ギリス、フランス、ドイツ、スウエーデン、日本の探検隊と探検家は、新疆で考察し
た時に、考古発掘をして、たくさん貴重な文物を連れていった。その文物の中に大量
な違う言語、文字文献が含くまる。ドイツ学者A．V．勒柯克（Albert von LeCoq）に
よると、ここで17種の言語24種の文字[5]が発見されたそうだ。実際に、勒柯克さんな
どの人が新疆で獲得した文献から反映した言語と文字はこの数を多く超える。

　新中国が成立してから今まで、我が国の文物考古者は新疆で考古発掘と調査を行
った時に、天山以南以北の古代墓地と古代遺跡の中で、豊富で貴重な文化芸術逸品と
多種な文字を刻まれている木簡、木牘、木の巻物、金銘石刻、印章、古貨幣などを発
見しった。経済、政治、軍事、宗教、歴史、文学、法律、医薬、暦法などの方面にか

[1]　祁小山、王博編集、『シルクロー
ド・新疆古代文化』前書きP12-13,
新疆人民出版社，2008年。

[2]　『史記・大宛列伝』巻123、中華書局
校正版。

[3]　『漢書・西域伝』巻96、中華書局校
正版。

[4]　余太山編集長、『西域通史』、中州
古籍出版社、1996年、第34ページ。

[5]　耿世民、『ウイグル族古代文化と
文献概論』第86ページ、新疆人民出
版社、1983年。

かわって、含める内容は極めて豊かである。

考古発見及び開かれた文物募集によって取った古文献によって、新疆で発見された古文字は種類が比較的に多くある。研究事情によって、漢字文字（或いは華夏文字）システム、阿拉米文字システム、跡メートル文字システムとふくらはぎニック文字システムのように四つのシステムに分ける。また、死文字も半死文字もある。漢字文字システムでの古文字には漢文、西夏文、契丹文、日本語があって、阿拉米文字システムにカロシュティー文、パ赫列維文、ソグド語、摩尼文、突厥盧ニー文、古代ウイグル語、希伯来文、阿拉伯文、はぁカーニー亜文、ペルシア語、遊牧ウイグル式モンゴル語、シリア文、察合台文、満文とトートモンゴル語があって、跡メートル文字システムにサンスクリット語、疏勒文（書く疏勒語の跡メートル文亜種）、焉耆-亀茲文（或いは吐火羅文A-B）、ホータン文字（或いは于闐塞文）、吐蕃文、吐火羅式古代ウイグル語、八思巴文がある。そして、ギリシャ文とラテン文が発見された。

さまざまな古言語文字の中で、漢文は最初発見され、分布地域が一番広く、種類が一番おおく、貨幣、木簡、石刻、碑銘、墓誌銘、紙文書、印章、織物を含くめて、数量が一番多く、内容が最も豊富、研究価値が高いということで名高い。次はカロシュティー文、焉耆-亀茲文、古代ウイグル語、ホータン文字、ソグド語、吐蕃文と察合台文である。ほかの古文字は例えば、西夏文、契丹文、ギリシャ文、ラテン文と日本語などの文献の発見量が少ない。

漢文文献は吐魯番で発見された漢文文書を主として、形式は契約（賃畑、売買、雇用、借り貸しなど）、籍賬（手実、計帳、戸籍、受田賬、退畑賬、差科簿、定戸賬と地券など）、役所文書（符帖文書状、事件を審理するときの弁解、記録、授官勲章の授与グロセター、旅の所と公検、送受信文簿、収支賬簿など）、個人の手紙、経書写本、副葬品、功徳禄などがある。内容は政治、経済、軍事、思想、文化、宗教などの方面に繋がる。発見された世間文書は史籍記載の不足を補ったり、史書記載の正誤を直したりします。文書で記載された年号は以前はあまり知られなかったし、ある年号は史書で記載されなかったし、ある年号は史書の干支年号と不一致である。それで、この問題を研究することによって、多くの歴史疑問を解ける。これらの豊富な社会内容と鮮明な時代地区特徴は内容で当時の政治制度、経済措置、軍事行動、文化教育、意識状態、生活習俗などの方面、さらに重大な歴史事件、有名な歴史人物、一般民衆の生活雑事まで反映された。これはトルファン盆地ひいては西域の歴史地理、社会経済生活などの方面を研究するのに材料を提出できるだけではなく、残った文書は当時言語文字の使用状況、文化の融合の伝播、書道芸術などを研究するのにありがたい重要な資料である。

民族文字の文献はカロロティー文、焉耆—亀茲文、吐蕃文、古代ウイグル語、アとラビア文と哈カーニー文などがある。世の中に関する官庁文書、契約、公私的な手紙を除いて、宗教文献がいろいろあって、仏教文献が重要な位置に存在している。焉耆文の『弥勒会見記』、古代ウイグル語の『弥勒会見記』、『粟特文売買下女文書』と哈カーニー文の『伯克褒美財物書』は民族古文字文献で代表性がある。

三　発見された古代言語と語族

新疆で発見された言語は歴史で長い間あるいは一度ここで生活したことがある民族での特有な文字または本民族にない文字、シルクロードを通して伝わってきた各種の言語を含んでいる。発見された古文字種類と研究状況からみると、新疆で発見された古代言語はインド．ヨーロパ語族、アルタイ係語族、漢蔵語族、閃

含語族に属する。

　1. インド．ヨーロパ語族に属する言語

　プラグ語、トカラ語、犍陀羅語、サンスクリット語、粟特鉢語、パルティア語、グレコ・バクトリア王国語新ペルシア語がある。プラグ語はインド．ヨーロパ語族の東イラン語支に属して、今のプラグ語の文献によって于闐（プラグ語東部方言）、扜弥（斯坦因さんは克里雅川西岸の丹丹烏里克仏寺遺跡で発見された跡メートル文字体系に属する文書言語）と据史徳語（図木舒克語あるいは古巴楚語は塞語の西部方言に属する）三つ方言[6]に分ける。トカラ語：インド．ヨーロパ語族西支Centum語の凱尔特語、イタリア語によく似っています。方言が四つあります。トカラ語A（東部トカラ語あるいは焉耆语—高昌語）、トカラ語B（西部トカラ語あるいは亀兹語）は前の二つ方言である。ある学者は楼蘭で出土したカロロティー文簡牘で第三種方言があると思った。言語学者の研究によって、タリム盆地で発見された佉卢文文書の言語は単純な犍陀罗語ではない、たくさんの土着方言が混じ込む。これは犍陀犍陀羅語を楼蘭に伝わるまえに、楼蘭人が使っていた言語は吐火罗語のひとつである。深い研究につれて、個別学者は月氏語[7]がトカラ語の四番目方言だと思った。犍陀羅語（Gāndhrrī）：インド．ヨーロパ語族の古インド雅利安語の俗語方言に属する。この言語は犍陀羅地区から生まれたということを確認してから、イギリス言語学者貝利（H.W.Bailey）提案に応じて犍陀羅語と呼ばれている。紀元2世紀後期、犍陀羅語はタリム盆地周辺の于闐、楼蘭、亀兹、巴楚に伝われてきた。その後、于闐、楼蘭、亀兹、巴楚の居民は跡メートルシステムの文字で自分の言語を記録してはじめた。楼蘭は4世紀末までカロロティー文と犍陀羅語を使っている。粟特鉢語はインド．ヨーロパ語族の古イラン東部の方言に属する。主にソグド語、摩尼文とシリア文で書いてある。この言語で書いてある仏教、摩尼教と景教の文献が沢山ある。20世紀初、ドイツ探検隊はトルファン葡萄溝、交河故城、高昌旧城、焉耆碩尔楚克仏寺遺跡、庫車克孜尔千佛洞、和田地区の麻扎塔格で大量な粟特語文献を多く獲得した。斯坦因さんも楼蘭と和田の古遺跡で粟特文文書を発見した。新中国が成立した後で、トルファン地区で発見された粟特語文献はたくさんあった。そして、昭蘇県小洪納海の突厥石像に粟特文銘文を刻んである。これは西突厥時期の石像で、高さが230cm、貴重な歴史文物である。サンスクリット語：インド．ヨーロパ語族のイラン語族インド語支に属する。言語学者の研究によって、仏陀が最初の布教言語は本場の言葉であり、つまり半摩半期陀語（Ardhá-Māgdhī）で、他のところで当地の俗語（Prakrit）を使う。その後、仏教が支配階級に信奉される宗教になるにつれて、仏教徒はインドの貴族言語であるサンスクリット語を使えて始めた。新疆で発見された婆罗米文の変体であるサンスクリット語で書いた文献は主にクチャ、バイの苏巴什仏寺遺跡、庫木吐拉千佛洞、克孜尔千佛洞、都勒都尔阿護尔、克力西、阿其克依来克などの仏教遺跡と焉耆七格星仏寺遺跡、トルファン地区の交河旧城、高昌旧城、柏孜クリック千佛洞、勝金口、庫鲁克塔格、吐峪溝などの遺跡と和田地区の哈达里克、巴拉瓦斯提、達麻溝、丹丹

[6] 林梅村、『西域文明——考古、民族、言語と宗教新理論』、東方出版社、1995年、第134ページ、137ページ。

[7] 同[6]。

烏里克、安ディア、帕爾哈提伯克草原、山ブーラなどの遺跡、喀什地区の巴楚県図木舒克仏寺遺跡で発見された。グレコ・バクトリア王国語：古代国の名である。領土はアム川流域、英都庫什山地区、つまり今のアフガニスタン北部とウズベキスタン、タジキスタンの一部分である。20世紀50年代以来、草体（厌哒文）ギリシャ文で刻まれた碑銘はアフガニスタン、パキスタン北部とウズベキスタン南部の遺跡で次々に発見された。言語学者の研究成果によって、銘文の言語はギリシャ語に属しなく、実際に古イラン語の東部方言に属する。イギリス言語学者である亨宁（W.B.Henning）さんはこの言語に属する最も早い碑銘が全部古代大夏の中で分布したことによって、「大夏語」と名付けた。ところで、それと同時に、一部分の学者はこの言語が「本当の吐火羅語」であるという結論を提出した。本世紀の初楼蘭で発見されたギリシャ文草書体の残り文書の時代は紀元3〜4世紀の間で、トルファンで発見された（仏教、摩尼教経書）ギラシャ文草書体で書いた大夏語文書の時代は紀元7〜9世紀の間である。婆羅鉢語：中古イラン語の主要形式の一つで、即ち南部方言である。この言語は萨珊朝官方に使われて、紀元3〜9世紀間で使ていました。20世紀初、ドイツ考察隊はトルファン高昌旧城と葡萄溝廃寺遺跡で帕赫列维文文献を発見された。新疆で発見されたペルシア萨珊朝貨幣の銘文は帕赫列维文である。帕提亜語は：中古イラン語の北部方言に属する、紀元前247〜紀元224年立国之帕提亜王朝の官方言語である。新疆で所見した摩尼文、粟特文で書いた文書は全部吐魯番地区で発見されました。先世紀の初、即ち1902〜1907年ごろ、格伦威德尔と勒柯克に統率されたドイツ考察隊はトルファン高昌故城、柏孜克里克千佛洞と勝金口仏寺遺跡で大量な帕提亜語文献を獲得した。新ペルシア語：新疆で発見された新ペルシア語文献は基本的に摩尼文、叙利亜文、希伯来文とアラビア字母を基にして創造したペルシア文で書かれた。この言語は紀元8世紀ごろイラン南部で生活していたペルシア部落が使えられた方言で、アラビア帝国がイラン南部に都を定めてから公式言語になった。（今のペルシア語はこの言語を基本にして形成したのである。）

2. 阿尔泰体系の言語

文字がない民族にとって、烏孫、匈奴、鮮卑、柔然、高車、吐谷渾などの言語はアルタイ語係に属する。アルタイ語係に属して文字がある民族は突厥、遊牧ウイグル、契丹、モンゴル、満州族である。その中で、歴史上遊牧ウイグル人に使われた文字の種類は一番多かった。。歴史上、遊牧ウイグル人が使う、また書くのに使う遊牧ウイグル語には古文字が多かった。例えば、突厥文、粟特文、遊牧ウイグル文、摩尼文、焉耆―亀茲文、哈卡尼亜文、シリア文、吐蕃文、八思巴文があった。それに、遊牧ウイグルは漢文を使えたかもしれないについての記載[8]があった。勿論、文字の発展、取り替え、及び大量な使用は遊牧ウイグル社会の違う歴史時期の経済、政治、文化、主に宗教と密接な関係がある。多種の文字の中で遊牧ウイグル文は遊牧ウイグル人に使用される時間が一番長く、発見された文献が一番豊富で、影響が一番大きい物の一つである。

3. 漢蔵語係の言語

漢語、羌語（羌族には文字がない）、吐蕃語、党項語（つまり、西夏文で表す言語）は漢蔵語係に属する。

4. 閃含語族の言語

新疆で発見されたアラビア語、ユダヤペルシア語とシリア語などの言語は閃含語族に属する。アラビア語は閃含語族に属して、1959年、20世紀70年代初、1979年と1980年に、新疆巴楚県の脱庫孜沙来故城で発見された喀拉汗朝時のアラビア語文書はいまは新疆ウイグル自治区博物館で保存しておく。ユダヤペルシア語は閃語族に属する。紀元前6世紀末、古ペルシア帝国はバビロンを征服して、ここのユダヤ人はペルシア帝国の

臣民になった。約紀元前250年、ヘブライ語は会話がなくなって、ユダヤで阿拉米語に、ペルシアでユダヤペルシア語に代われた。ヘブライ語は書き言葉としてつかわれていく。1900年に、斯坦因さんは新疆和田東北大砂漠奥の丹丹烏里克遺跡で紀元718年ヘブライ文ユダヤペルシア語の手紙[9]を発見した。シリア語は閃含語族西北語分支に属して、紀元14世紀に、アラビア語に代われた。1905年、勒柯克を始めのドイツ考察隊は高昌旧城郊外と吐魯番北部の景教遺跡で9世紀末のEstrongelo文（シリア文）シリア語の景教祈祷文献を発見した。また、新疆博物館、霍城県博物館にイリで発見された元代シリア文墓石刻を保存してある。

　中国新疆で発見された言語文字文献は種類が多く、内容が豊富で極大な歴史価値がある。これは新疆各時期の政治、経済、文化（文化交流を含む）、民族、宗教などの方面を正しく研究して闡明する重要な資料である。この古文献は「話せる」歴史文献として、漢文史料の不足を補われる。内容が非常に豊富な、多言語の文字文献には研究する必要がある課題がたくさんあるから、もっと多くの学者は新疆古文献の研究する仕事に全力を尽す必要がある。

　つまり、新疆は鮮明な特徴がある地区である。数千年以来、各民族の文化遺産は、特に各民族の間に、中外の経済文化交流が地域の文明化進呈を推進するとともに、各文字の伝播使用と多元文明の融合発展に役に立つ。新疆は多元文化を形成した原因がいろいろあって、まとめていうと、二つ方面で表現する：一、独特な人文地理環境、二、昔から民族集落する分布格局。各民族は違った言語を使って、ちがう歴史時期で違う生産生活方式を採用して、違う宗教を信奉するため多元文化形態を形成した。それで、多元文化は新疆古代文明の一部分として、西域文化史だけでなく、中華民族文化史でも取って代われない位置を占める。

[8] 麻赫黙徳・喀什噶里、「回鶻人はまた秦人の文字に似ている他の文字があります。政府側の文書は全部この文字を使えます。イスラム教徒ではない回鶻人和秦人をのぞいて、他の人は知りません。」と記載しています。――『突厥語大辞典』(漢文版) 第一巻第32ページ。ここの「ほかの文字」は「漢文」であるようです。

[9] 林梅村、『西域文明――考古、民族、言語と宗教新理論』、東方出版社、1995年、第147ページ。

新疆发现猴形文物的多元文化成因

新疆维吾尔自治区博物馆　吴艳春

在新疆众多的出土文物中，有一类以猴子造型为题材的文物，独具艺术特色和文化魅力。这些文物虽然发现地点不同，所属时代有差异，有些猴形造像因无正规发掘记录，又缺乏详细研究，时代尚未定论，所以一直以来没有引起学术界过多地关注。日本学者广中智之先生近年来注意到新疆出土的猴形文物与东西文化交流关系密切，他所作《和田约特干出土猴子骑马俑与猴子骑驼俑源流考》以及《古代中国猴与马故事的源流》两篇论文，引出了一个有趣的风俗话题和东西文化交流中的趣事。笔者觉得如果把新疆发现的猴形文物集中起来，进行艺术造型、文化背景的比较和探讨，还能引出许多有意义的问题，或者说能够追寻到西域先民文化意识发展的一些踪迹，尤其是从神话学以及多元文化成因的角度，有进一步挖掘的可能，因此不揣浅陋撰写此文，以请教于学者同仁。

一　新疆发现猴形文物资料概览

文博工作者对文物的考察，大都首先是关注其产生和所处的时代，因为只有这样才能进一步判断该文物的文化内涵。目前新疆所见以猴为题材的文物或遗迹最早的应该是康家石门子岩画上的猴子刻像。在康家石门子大型生殖舞蹈岩画中有一组画面，画面中"有10个以上的人像，男性为主。除一般人像外，还有猴面人身像，虎形图像"。特别值得注意的是画面左上方作舞蹈姿态的猴面人身像。它的面部构图接近三角形，圆眼、宽鼻、短额、大耳；躯体也呈三角形，右臂平伸右肘上举、肘下垂一生殖器。左手平伸、左手下垂。两腿弯曲向左，腿根部生殖器勃起，睾丸下垂。猴面人生殖器指向的地方，有一个形似女性的人像画面，双腿曲起，左右张开，似乎在舞动中演示生殖交媾寓意。在这组图案的中心位置，"见一大一小两头立虎，均雄性，虎身廋长，通体条斑纹，腿粗壮有力长尾后垂……非常明显地突出了雄虎的性器"[1]。这是目前笔者所知新疆最早以猴为题材的艺术刻像。它的时代应该与康家石门子岩画的时代一致，为公元前1000年前半期。

接下来要重点介绍的是新疆和田地区及周边发现的猴形文物。首先要说的是和田的约特干遗址，该遗址位于和田县巴格其乡约特干村，距和田市13公里。根据遗址出土钱币判断，时代延续从汉代到宋代。该遗址中出土了许多猴形文物，这些文物大多由西方探险家收集带到了欧洲各大博物馆。俄罗斯的艾尔米塔什博物馆藏有五件猴子骑马陶俑、四件猴子骑驼俑。斯文赫定披露收集品一件[2]。斯

[1] 周菁葆主编：《丝绸之路岩画艺术》，新疆人民出版社，1997年，第121页。

[2]【日】广中智之：《和田约特干出土猴子骑马俑与猴子骑驼俑源流考》，《西域研究》，2003年第1期，第72～74页。

坦因在《古代和田》一书中对和田约特干的猴子做了这样的描述：红陶收集品数量很大，主题基本上是立体动物像，绝大多数是猴子。这些小像的各种各样处理方式相当引人注意。它们有的作骑手姿态（图一）；有的在吹奏乐器；有的骑在马上一手抓马鬃，另一手抓物。有的马上有两个猴子，后面的猴子双手抓着前面的猴子。骑在骆驼上的猴子，有一例是两个猴子面对面，一只坐在驼峰上，一只坐在骆驼臀部。有的猴子造型已经残破，仅剩部分躯体。

图一

见于新疆文物界披露的约特干出土猴形文物有：一个造型非常独特的陶制猴面造像，将猴子的头部和下颚部位雕刻出许多横、竖短线，似乎是为了刻画其头面上的绒毛（图二）。还有一组伎乐陶猴，猴子均呈跪状，有击鼓猴，吹排箫猴，弹奏箜篌、琵琶猴，非常有趣（图三）。

图三

瑞典马达汉所披露从和田得来的猴子陶俑，虽然没说是约特干出土，但其造型风格与上述非常类似，这些猴子或因整体造型残缺或别的原因，都是独立单个的。典型造型有爬树的猴子、作揖的猴子、奏乐的猴子等等[3]。

和田地区征集的猴形文物还有"玉雕母猴与小猴"，这是一件难得艺术珍品，因非发掘所得，年代判断缺乏依据。见于俄罗斯科学院东方文献研究所发表的成果资料，给我们的比较研究提供了线索。在《千年千佛洞——俄罗斯在丝绸之路上的探险》一书中，发表了两件出土于和田的玉雕猴形文物，时代为公元2～3世纪。其造型风格与"玉雕母猴与小猴"十分类同（图四）。

散见于新疆其他各地的猴形文物还有：新河县羊达克库都烽燧出土的猴形陶俑，为母猴怀抱小猴的正面塑像；博尔塔拉博物馆所藏蹲坐正面陶俑；昌吉州博物馆藏猴子骑马俑、巴里坤征集猴灯俑等。

新疆吐鲁番地区古墓葬中发现的对猴和对马剪纸艺术，是新疆出土文物中关于猴子形象的另一种造型。这些猴子的剪纸作品，剪出十六只猴子，分成八对围

图二

[3]【芬兰】马达汉著，王家冀译：《马达汉西域考察日记》，中国民族摄影艺术出版社，2004年，第65页。

成一个圆圈。每对猴子相背而立，又回头相对而视；一只前爪相连，另一前爪高举，神态生动富有变化，是目前发现中国早期剪纸的代表性作品。由于上述这些深厚的历史文化底蕴，所以中国产生了一个有趣的俗语叫做"马上封侯"。民间艺术中有一种造像是猴子骑在马上，其寓意是马上就要加官晋爵。

在集中收集了相关考古资料后，我们就可进一步观察这些猴形文物的造型特征和主题内涵，并探讨其产生的时代背景和文化意识源流，进而追寻其多元文化的成因。

二 猴形艺术造像的类别特征与神话内涵

综合观察上述猴子造型的文物，我们可大致划分出几个类别：第一类为表演技能型；第二类是母子相依型；第三类是猴马、猴驼组合型。

第一类和第三类猴形文物，多集中出现在和田约特干及周边区域。对约特干猴形文物的时代，有学者认为应在公元1~4世纪之间[4]。第二类在新疆南、北疆都有发现，其时代暂无定论。

和田地区及周边地区为何出现如此之多表现猴子的古代艺术品？从自然生态环境来看，和田及周边地区都不具备猴子生存集聚的条件，故而不存在艺术反映现实的直接因果关系。我们推测这些猴形艺术造像应该是当时和田及周边居民某种思想意识观念在社会生活中的反映。是什么样的思想意识观念呢？如果我们从新疆最早的猴型造像——康家石门子生殖崇拜岩画上的猴形入手，那猴的出现显然是与生殖崇拜有关。生殖崇拜往往又牵扯到图腾先祖，这不能不让我们想到新疆天山山脉周边以及新疆东南部地区在古代有许多古羌人生活，他们以虎、猴为图腾先祖。在祈求生育繁衍的祭祀舞蹈中装扮成图腾神形象舞蹈是远古社会的普遍风俗。这样就出现了一个问题：学界一般认为康家石门子岩画的创造者是塞种人。而塞种最主要的图腾神应该是马，对马刻像在康家石门子岩画舞蹈群中也有伴出，这说明学界推测康家石门子岩画为塞种人有其如理之处。但是，古羌人与塞种人早在青铜时代就已交往并交融也是事实。叶舒宪先生在《山海经的文化寻踪》一书中就指出："西域之羌，例如婼羌，疆域绝广，小宛（罗布泊：渤泽之东），戎卢（克里雅河流域）之南，渠勒之西，于田、难兜（土库曼-阿姆河南）之南，都是婼羌世界。"[5] "殷代诸羌与塞种人必多有来往，血统不无混杂"[6]。血统的混杂势必伴随着文化的融合。可以推测，天山山麓及以南直到和田等地的古羌人在祈求生殖繁衍的歌舞仪式中扮演猴形歌乐舞蹈，经久成俗，并与塞种人的马祭仪式相融合，形成了独特的表演形式，在公元1~4世纪或者更早就已兴盛，因而出现了诸如猴子骑马、骑驼、奏乐等造型艺术形象。

第二类的猴形文物，我们或可以直接与古印度神话中的风神相联系，先来看两则神话故事。其一，风神之子哈努曼出生的故事：今天大梵天特别高兴，他

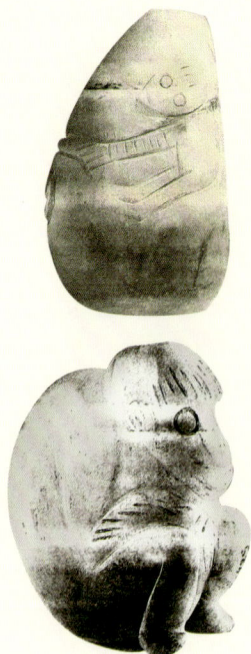

图四

[4] 广中智之：《和田约特干出土猴子骑马俑与猴子骑驼俑源流考》，《西域研究》，2003年第1期，第72页。

[5] 叶舒宪、萧兵、郑在书：《山海经的文化寻踪》下册，湖北人民出版社，2004年，第1188页。

[6] 叶舒宪、萧兵、郑在书：《山海经的文化寻踪》下册，湖北人民出版社，2004年，第1993页。

派遣仙鹤为风神夫妇送去了一篮鲜花和一瓶亲自酿制的神酒，还在花篮红色的飘带上写了这样一句话："恭喜风神安阇那将喜得贵子。"据说，哈努曼在母亲的肚子里整整孕育了50个年头。第六十年的第一天，这孩子从娘肚里传出话："母亲，为儿的今天要出世了。"一阵阵激烈的疼痛直刺她的心，不知为何，以前这孩子拳打脚踢、翻跟斗都从未这么激烈过。母猴安阇那在一阵激烈的疼痛之后，忽然觉得肚子饥饿难忍，特别想吃桃子，于是风神派猴子们到金砣山最大的桃树下，摘下来一只状如金盆、鲜红熟透了的桃王，送到风神的宫中。母猴安阇那在吃下了这只大桃之后，产下了一只圆圆的金球，这金球在产盆里转动了三下，忽然放射出万道金光，并伴随着一声炸雷似的响声，响声过后，金球自动裂开，里面竟然是一只鲜红的大桃子，而不是风神日思夜想的儿子。风神猛地从武器架上取下金锤，对准躺在产盆里的大桃子砸了下去，哈努曼出世了[7]。在这个故事中，与猴子关系密切的有两种东西，一个是金色的圆球，另一个是鲜红的仙桃。这两件东西一个似乎代表着生命的种子，一个似乎象征生命长寿的无限时光。新疆博尔塔拉蒙古自治州博物馆收藏的文物中，有一个石雕猴子，它双腿屈膝呈正面端坐状，双手捧着一个扁圆形的东西（可能是桃子或者是生命的种子）放在嘴边。由于这是一件非发掘品，其出土地点、时代和文化背景都无法判定，所以尚未引起学术界的关注，但在本文的研究范围内，把它和相关的神话联系进行研究可能会给我们更多思考的空间。

其二，风神护子的故事。千眼大神因陀罗因误伤了风神的儿子得罪了风神，风神抱着儿子躲在山洞里不肯出来。风神离开后，世界上没有风，空气凝滞不动，因陀罗因此没有办法借助风势下雨，眼看世界上所有的生物都无法生存下去了。大梵天知道了事情的经过，责备因陀罗并将风神的藏身之处告诉他，要因陀罗亲自去向风神道歉，并答应风神的儿子哈奴曼从此可以随意变化，风神的怒气才平息下去，恢复了自己的工作，大地重新显出一片生机[8]。从这个故事中我们可以看出风神对他的猴孩子疼爱有加，因孩子受伤而躲藏不出引起自然世界的灾变。风这种无形而又流动的能量在自然界的重要性通过这则神话表现了出来。新疆和田地区发现的"大猴与小猴"玉雕造像，充分表达出这一主题思想。它用一块质地温润的和田白玉雕成。母猴侧身蹲坐，头扭向正面，双手环抱着骑在它脖子上的两个小猴。玉雕匠独具匠心，用刻刀在母猴与小猴额头上方刻出数道阴刻线以示毛发，并在母猴的手部刻出阴刻线显出手指。最为有趣的是玉石上青、红两种皮色，红色正好分布在猴子的后背部，青色分布在大猴的腰部、肘部和前一个小猴的脸上，从而给这件绝世的艺术品增添了奇妙的色彩（图五）。这件珍贵的玉雕是偶然被人从地里发现的，因为没有考古发掘地层考察，所以时代不好断定。如果联系古印度神话故事，我们判定它是对掌控自然万物生机的风神的刻画和崇拜，那这件文物的价值就非同一般了。有意思的是，这种主题的文物造像在新疆发现不只这一件。阿克苏博物馆馆藏新和县出土的猴像造型，表现的是一大猴怀抱小猴的陶质塑像，大猴面部神情柔和，乳房突显，怀中的小猴似乎在吸吮

图五

[7] 吴永年编：《印度神话故事——神猴哈奴曼》，上海译文出版社。

[8] 廖池邵、诗玲、忠青编著：《世界神话故事》，海峡文艺出版社，1998年，第233页。

母乳。这同样是表现猴子与其孩子亲密关系的主题。

另外，我们在俄罗斯艾尔米塔什博物馆所编《千佛洞——俄罗斯在丝绸之路上的探险》一书中，还看到了造型风格与和田所出"大猴与小猴"非常一致的两例猴子形象，一例出自和田，玉石雕刻，高6厘米，猴子作侧面坐姿，一只前爪放在腹部，另一只放在大腿上，头偏向肩膀。玉为青色（灰色）。该书披露的另一个猴子拿树叶的形象，我们认为可看做是猴吃桃主题思想的变异表达。还有一幅出自库车佛教壁画中的猴子形象也呈侧身蹲坐像，脑袋偏向一边肩膀上。这两例猴形造像虽然没有小猴出现，但造型风格与上述十分接近。可看作同一艺术主题思想影响下的作品。

通过上述分析可推论，新疆猴形文物的文化渊源，大体上可分为三个源头：一是受新疆天山山脉及新疆东南部地区古老羌族的猴图腾文化影响，由歌舞祭祀表演演化而成为造型艺术主题；二是古羌人与塞种人长久的文化交往逐渐形成神圣图腾的相互认同，其结果是猴马-猴驼组合，在世俗社会中逐渐形成猴马杂技的表演，进而为艺术创作提供了现实题材；三是古印度风神崇拜观念的反映，意在强调风神猴与可以随意变化形象的儿子对自然界风调雨顺的直接影响。

我们知道，上述猴形文物采用了陶器烧制、石材、玉料雕刻等工艺。这些工艺在当时的社会文化背景下都属于重要的技术行业，进行这样的工艺和艺术的创造，不可能为了纯粹的装饰审美，很可能还有更深刻的思想原因和社会文化功能，这就是我们下面要讨论的问题。

三 猴形造像中多元文化交融的印痕

有研究者统计，在中国汉藏语系的18个民族中，流传着图腾信仰基础上发展起来的猴祖神话。汉民族早期文化中关于猴图腾信仰的信息，也非常值得我们注意：1. 汉文字的羌字，在甲骨文和金文中加有毛羽之类与旄尾等象形符号，说明羌人衣着有其特别的地方[9]。而康家石门子岩画上的舞蹈人像，头上都带有毛羽装饰。能否推断这种习俗与西域的古羌人文化有关呢？即便是按照目前学界的看法，康家石门子岩画上刻画的是古代塞种人，塞种人进入西域后，与当地的氐羌在文化上也应该有相互吸纳融合的过程。中国古代史上流传甚广的西王母神话，学界大多同意其原型是远嫁塞种人的羌人女王的历史折射。这样看来，康家石门子岩画中出现猴子形象就不难理解了。2. 在中国古文献中，西部羌戎地区还被视为"禺强之国"，"禺"字字形，在篆文中形似一个长尾而形似人面的猿猴，康家石门子岩画中的猴面人身像，我们是否可看做禺强形象的刻画呢？禺强在中国远古神话中既是海神又是风神。这与古印度神话中的风神为猴子的形象不期而合。3. 康家石门子岩画中与猴子同出的虎形，又可引出另一个重要的线索：古羌戎的虎图腾，若以文献溯源，最早当推被尊为中华民族"三皇五帝"之首的伏羲氏。汉文古籍常将伏羲写成"虑戏"，二字均从"虍"；《论语摘辅象》称伏羲

[9] 张月芬、孙林：《汉族西王母神话与藏羌民族猿猴神话的关系》，《西藏民族学院学报》，社会科学版，1997年第4期，第25页。

具有"虎鼻山准"的体型特征。这些都象征着
伏羲氏族部落的虎图腾。《道藏·洞神八帝妙
精经》说："伏羲姓风，女娲姓云。"《易·
乾》说："云从龙。风从虎。"这就说明伏羲
以风为姓。"我国西北几乎所有的新石器文
化、铜石并用文化均与羌戎密切相关。伏羲氏
部落生活在陕甘高原的'古西戎地'，其族别
自然属于古羌戎。"[10]如此一来，新疆发现
的猴形文物的文化内涵，就有了丰富的成因与
内涵。我们前面提到新疆发现猴形艺术造像时
代最早的是青铜时代康家石门子岩画上凿刻的
猴子。另外，奇台县坎儿孜遗址出土春秋战国
时期铜制猴子骑马造像（图六），时代也相对
较早。这种造型的文物，我们在宁夏西吉玉桥
村出土物中看到非常相似的类型。披露者认为
这件文物具有北方草原文化的特征[11]。而在
北方草原青铜文化中，确实存在猴骑马的青铜
雕像。北方草原青铜文化，尤其牵扯到猴子骑

图六

马这类艺术造型，日本学者广中智之认为其源头应该是古印欧文化中的一支，和
印度的关系较大，这类猴造像沿着丝绸之路向东发展影响了中国和日本[12]。笔者
认为，如果换一个思考角度，考虑到古印欧人中的一支塞种人在与古羌人的文化
交流中吸纳了羌人的猴图腾信仰，形成猴骑马与骑驼的艺术主题也是有可能的。
因为我们知道，古羌人文化在其发展中很早就融入了中华大文化的体系中。但其
重要的文化因素，以其具体的文化事项一代代传承是自然而然的。在中国民间有
许多关于猴的民俗事项，能够作为本文的辅助材料，来说明新疆发现的石猴雕
像，似乎与古羌人文化关系更为紧密。比如山西、陕西、内蒙古等地的农家炕
头上，常有一个用青石雕刻的小石猴（也有炕头狮），是专门用来拴六七个月
刚学爬行的幼儿的。母亲将一根红绳系在石猴腿部的圆孔上，另一头拦腰拴住
娃娃。据传说，猴能保佑娃娃平安，娃子长大以后精明能干。陕西、甘肃、山西
一带，特别是陕西的渭南地区，几乎村村都有拴马石桩，许多拴马桩的顶端都雕
有石猴，称"避瘟猴"每年农历三月三，在南阳市方城县小顶山都有庙会，庙会
上出售一种石雕"小石猴"，当地俗称"好时候"（谐音），也叫"画石猴"。
赶庙会的人都踊跃购买，并相互赠送"好时候"（时候与石猴谐音），渴望能给
自己和亲朋带来好运。"单猴"，寓意是"祖师封侯"；"母猴背小猴"，寓意
是"辈辈封侯"。由于它独特的造型和吉祥的谐音，使得它誉满中原，长久不
衰。当地人们逢年过节便以此为吉祥物让孩子佩戴。这在方城县形成了一种独特
的"猴文化"。

[10]《巴渝文化的厚重》，
http://ds056h.blog.tianya.cn。

[11] 李菲、李水城、水涛：《葫芦河流
域的古文化与古环境》，《考古》
1993年第9期，第829页。

[12] 广中智之：《和田约特干出土猴
子骑马俑与猴子骑驼俑源流考》，
《西域研究》，2003年第1期。

图七

透过这样的大文化背景，我们再来看博尔塔拉博物馆藏石猴双手抱着一个圆形物放在嘴边的造型（图七），似乎还不能简单地理解为猴子吃桃这种自然界猴子生活的直观写照。从多元文化交融的角度考虑，也许有另一些因素。古代世界各种文化的融合，正是出于人们对某些事物的认知达成了一致。比如说，族源为氐羌系的摩梭人有一则神话：天神和地母生育的猴子因吞噬了石洞中的大蛋，疼得打滚，使石蛋中飞进出各种动植物，蛋核变成摩梭人的女祖先[13]。这个神话的关键在于石洞中珍藏的石蛋，蕴含着自然万物的基因，猴子吞食蛋的行为是促使这些万物出生、生长的契机，这样，雕刻石猴形象就有了深刻的文化意义，从古文化的背景来理解，雕刻这样的石猴就具有促使万物生长的巫术含义。从这个角度考虑，才能解释古代先民花费巨大精力雕琢石猴的文化心理和动机。这种深刻的文化心理，不但在中国中原地区，也一直在新疆古代文化中传承，所以我们看到新疆发现唐代猴形文物——新和县出土的母猴抱子的猴造像上，母猴的颈项上，戴着由三个圆形果核似的饰物（图八），这似乎依然在暗示神猴在生命降生和生长过程中起着重要的作用。而印度神话中猴子作为风神的身份，似乎更加强调的是其作为自然界流动的能量，对生命所起到的催生和化育功能。

接下来我们还要讲一讲新疆猴形文物中猴爬树造型的神话意向。猴子擅长爬树是其自然生态功能。古人把猴子喻为图腾神，就引申出了另一番文化意蕴：在古羌人的"猴创世神话"中说，有一只猴子顺着马桑树上天，打翻了天上的金盆，造成洪水泛滥而创世。这个神话其实和前面讲到印度神话中风神猴不出世，雨神无法行云布雨滋润万物是一样的道理。

四 结语

新疆发现的猴形文物，透露出重要的历史文化信息。首先是古代羌人与塞种文化交流、交融的可能性，还有古印度文化尤其是神话思想在青铜时代西域东南部或者更广地区传播的可能。这些可能性使我们意识到，中国古代文明与印度、西亚等古老文明的交往在汉代丝绸之路开拓前就已渗透到社会生活的许多层面，生活在西域地区的游牧民族在这个过程中发挥着重要的作用。东西方各种古老的文化传统与习俗，在汉-唐以后继续延续发展。这种延续和发展，通过神话寓言和仪式行体现在西域古代社会生活中，并因此为造型艺术的创造提供了丰富的主题。

图八

[13] 王小盾：《汉藏语系猴祖神话的谱系》，《中国社会科学》，1997年第6期，第150页。

新疆で発見された文物の多元文化原因

新疆ウイグル自治区博物館　呉艶春

　新疆で多くの出土品の中で、猿の造形を題材としての文物があり、特に芸術特徴と文化魅力がある。この文物は発見された場所が違って、所属時代にも差がある。ある種類の猿型像は正規的な発掘記録がなく、それに、詳細な研究時代についての定論が乏しいために、学術界の多くの注目を浴びることができない。日本の学者である中智之先さんは近年、新疆で出土した猿型文物が東西文化の交流と密接な関係があると注意しているので、『和田約特干で出土したサル騎乗俑とサル騎駝俑の源流考』と『古代中国猿と馬ストーリの源流』という論文で、面白い風習話題と東西文化交流のエビソードを引き出した。筆者はもし新疆で発見した猿型文物を集めては、芸術造形、文化背景の比較と討論を行い、もっと多くの意義があるの問題が引き出し、あるいは、西域先民文化意識の発展の跡を見つけることができる。特に神話及び多元文化成因の角度からすると、いっそう掘る可能性がある。狭い知識を持っているながらも、この文章を書いた。学者同人に教えていただきたい。

一　新疆で発見した猿型文物資料のあらまし

　文博従事者が文物の観察はほとんどまず、その産生と存在する時代を注目する。こうしただけその文物の文化内包が一層判断できる。今、新疆で発見した猿を題材としての文物や遺跡の中でいち早いのは康家石門子岩絵上で猿の浮彫である。康家石門子で大型生殖ダンスの岩絵中で「人像が10個以上あり、おもに男性である。普通の人像を除いて、猿の顔と人身の像や、虎の形図案もある。」という画面が一組ある。特に注意すべきなのは画面左上方でのダンス姿態をしている猴の顔と人身の像である。その顔の構図は三角形をしていて、まるい目、幅広い鼻、短い額、大きい耳；また体も三角形をしていて、右手を水平に伸ばし、右肘が上に挙がって、肘の下には生殖器が垂れている。左手を水平に伸ばし、垂れている。両腿は左まで曲がって、足の根に生殖器は勃起して、睾丸は垂れている。猿型像の生殖器が指すところに、女性の形ような人像画面があり、両足は曲がって起き、左右が開いて、振り回しているところで生殖性を交する寓意を演じるようだ。その図の中心には、「一つ大きい虎と一つ小さい虎が見える、全部雄性である。虎の身が痩せて長い、全身条斑紋で、足が肥って丈夫で、長い尾が後に垂れて、……非常に明らかに雄虎の性器を際立っている」と書いてある[1]。これは今筆者が知っている最も早いのサ

[1] 周箐葆編集,『シルクロードの岩絵芸術』、新疆人民出版社、1997年版、121ページ。

ルを題材とした芸術浮彫である。その時代は康家石門子の岩絵と同じ時代で、紀元前1千年前半期である。

それから、重点に紹介するのは新疆和田地区と周辺で発見した猴型文物である。まず、和田の約特干遺跡のことを言う。この遺跡は和田県巴格其郷の約特干村に位置する。和田市から13キロメートルある。遺跡で出土した土貨の幣によって、時代の延長は漢代から宋代までである。この遺跡で多くの猿型文物が出土した。これらの文物はほとんど西方探検家から収集してヨーロッパの各博物館に連れていった。ロシア艾爾米塔什多の博物館には、5件の猿の騎乗陶俑、4件の猿騎駝俑がある。斯文赫定は収集品を一件披露した。[2]斯坦因さんは『古代和田』に和田約特干の猿をこのように描写してある：紅陶の収集品の数量がとても大きくて、主題は主に立体的な動物の像で、多半数は猿である。に対して様々な処理方式は非常に人の注目を浴びる。それらのある猿は騎手姿態（図1）を作って、ある猿は楽器を吹奏し、ある猿は一手が馬の鬣をつかんで乗って、別の手は物をつかんでいる。ある馬には猿が二匹あり、後の猿は両手で前の猿をつかんでいる。駱駝に乗っている猿には、ある猿は二匹の猿が面と向かって、一匹は駱駝の峰に乗っている、一匹は駱駝の尻に座っている。ある猿造形はすでに破損して、ただ部分的の体躯をが残っている。

新疆文物界が披露した約特干出土の猴形文物は以下で：一つは造形が非常に独特な陶製猿の顔塑像で、猿の頭部と下あごに多くの横、縦の短い糸を彫刻し、猿の頭の絨毛を浮き彫するためであるらしい（図2）。まだ1組の伎楽の陶猴があり、猿は全部ひざ状を呈して、鼓を撃っているの猿、並べだ簫を吹いているの猿、箜篌を弾奏している猿、琵琶の猴、非常におもしろい（図3）。

スウェーデンの馬達漢は発表した和田からもらった猿陶俑は、たとえ約特干に出土したことを言わなくても、その造形風格と上述のは非常に似て、これらの猿は全体的に造形の不完全、或いは別の原因で、みな独立で単独である。典型的な造形には木に登った猿、拝礼した猿、演奏した猿などがある[3]。

和田地区が募集した猴形文物にはまた「玉で彫りの雌の猴と小さい猴」があり、これはあり得難い芸術珍品である、非発掘によって所得できた、年代を判断する根拠が欠乏している。ロシア科学院の東方文献研究所が発表する成果資料は、私たちの比較研究に手掛かりを提供した。『千年千仏陀の穴——ロシアはシルクロードの探検にある』の本には、和田で出土した玉彫の猴形文物が2件発表して、時代は2−3世紀である。その造形風格は「玉で彫りの雌の猴と小さい猴」と十分に似っている（図4）。

新疆の他の各地に散見した猴形文物は：新河県羊達克庫都烽燧で出土の猴形陶俑は、雌猴は小さい猴の正面を抱く塑像である；博爾塔拉博物館に隠れている陶俑は正面でしゃがんで座っている。および昌吉州博物館に隠れる騎乗の猿俑と、巴里坤で募集した猴の燭の俑などである。

新疆トルファン地区の古い墓で発見した猴と馬の切り紙芸術は新疆出土した猿のイメージに関する別の造形である。これらの猿の切り紙作品は、猿を16匹切り出して、8対に分けって丸を囲むようになる。それぞれの猿は背を向かって立っていて、振り回って相対で見ている；一つの前の爪は相連して、別の前の爪は高く上げて、神態が生き生きして変化を持って、それは今まで中国早期発見した代表的な切り紙作品である。上述のこの厚い歴史文化伝統によって、中国では「馬上に封侯」というおもしろい俗語が一つ出てくる。民間芸術の中にある塑像は猿が馬に乗ることで、その寓意は官がまもなく加えて爵に入ることである。

集中的に関係的な考古学資料を収集してから、私たちはすぐこれらの猴型文物の造形特徴と主題内包をさらに観察でき、ともにその生まれた時代背景と文化意識源流を研究して、さらにその多元の文化の成因を追跡する。

二　猴型芸術塑像の類別特徴と神話内包

　　上述の猿造形の文物を総合して観察することによって、私たちはいくつかの類別を区分しできる：第1類は技能を演出する型であり；第2種は母子の相依の型であり、第3類は猴馬、猴駝の組み合わせの型である。

　　第1類と第3類の猴形文物は、集約で約特干と周辺地域に現れた。約特干の猿形文化に関する時代は、学者は西暦1−4世紀間であると考える。[4]第2類は新疆南にあり、北疆も見つかることがあり、その時代は今まだ無定論である。

　　和田地区と周辺地区にはなぜこんなに多くの猿の古代芸術品が出現したか? 自然の生態環境から見れば、和田と周辺地区はみな猿の生存条件が不具である。それゆえ芸術は現実の直接的因果関係を反映することが存在しない。私たちはこれらの猴型の塑像が当時和田と周辺住民のある思想意識観念が社会生活での反映だと推測した。どんな思想意識観念であろうか? もし私たちは新疆の最も早い猴型塑像——康家石門子の生殖器を崇拝する岩絵上の猴形から着手すれば、猴の出現はもちろん生殖の崇拝と関連することである。生殖の崇拝はいつもトーテム先祖を引き込んで、これは私たちに新疆テンシャン山脈周辺および新疆南東部地区に多くの古い羌人生が生活したことを思い出させた。彼らは虎、猴をトーテム先祖とする。生育繁栄を祭祀した舞踏の中で、トーテムイメージ舞踏を飾ることは往古社会の普遍的な風俗である。こうすれば、一つの問題が出て、学界は普通康家石門子の岩絵の創造者は塞種人と考えられる。塞種で最も主なトーテムは馬で、馬の浮き彫りは康家石門子岩に浮き彫舞踏群の中で出てきったことがある。そのように　学界が康家石門子の岩絵は塞種人と推測するのは正しい所があるそうである。ただし、古羌人と塞種人は青銅時代にすでに付き合って溶け合うことも事実である。叶舒憲先生は『山海経の文化の尋足跡』の中で「西域の羌は、例えば婼の羌は、国土が広くて、宛 (ロブノール湖、渤沢の東部)、軍事盧 (克里雅川地域) の南部、渠勒の西部、于田、難兜 (トルクメン−阿母河の南部) の南は、全部婼羌の世界である」と指摘した[5]。「殷代諸羌と塞種人は必ず付き合いが多い。血統が混同しないわけではない」[6]。血統の交じるのは必ず文化を融和したことをもたらす。私たちは、天山山麓および以南和田までなどの地の古羌人は、生育繁栄を祭祀する舞踏儀式の中で、猿型を飾った歌舞は、時間の経つにつれて普遍的な風俗になったが、それに塞種人の馬祭り儀式と融合して、独特な演出形式になり、紀元1~4世紀にあるいはもっと早い時期にすでに栄えたから、猿騎馬、騎駝、演奏などのような芸術造形が出現したと推測した。

　　第二種の猴形文物は、私たちは直接的に古インド神話中の風神と繋がられる。まずの二つの神話ストーリを見よう；第一は風神の子哈努曼が生まれるのストーリーである。今日、婆羅門神はとても楽しく、彼は鶴が風神夫婦に一筐生花と一瓶自らで醸造神酒を送るように派遣した。また生花かごの赤色のリボンに「風神の安闍那将が子を喜んで得ることおめでどうございます」というような話が書いたある、。哈努曼

[2]【日】広中智之、『和田約特干出土した猿騎俑と猿駝俑源流考』、『西域研究』、2003年1期、72 ~ 74のページ。

[3]【フィンランド】馬達漢著、王家冀訳、『馬達漢西域研究日記』、中国民族撮影芸術出版社、2004年版、65ページ。

[4]【日】広中智之、『和田約特干出土した猿騎俑と猿駝俑源流考』、『西域研究』、2003年1期、72ページ。

[5] 葉舒憲、蕭兵、鄭在書編著、『山海経の文化尋踪』下冊、湖北人民出版社、2004年版、1188ページ。

[6] 葉舒憲、蕭兵、鄭在書編著、『山海経の文化尋踪』下冊、湖北人民出版社、2004年版、1993ページ。

はお母さんの腹にまるまるで50年数を産んだと言われた。第60年の初日、この子は母の腹から話を伝えて、「お母さん、わたくしは今日生まれるよ。」ギリギリし続けるの痛みがしきりに彼女の心を突っ込んだ。なぜかが分からなく、以前この子は殴ったり蹴ったりして、転回を繰るのはこんなに激烈しなかった。雌猴安閣那は激烈な痛みの後で、急に腹が飢えてたまらなくて、特に桃を食べたくなる。そこで風神は猿たちを派遣し、金砣山に一番大きいの桃の木の下に、1個の金鉢のような、鮮赤色のすぐ熟れる桃の王を摘んで、風神の宮中に送り届けた。雌猴安閣那はこの大きな桃を食べた後、1個のまるいゴールデンボールを産んだ。このゴールデンボールは鉢内に3回を回転して、急に万道の金色の光りを放射して、ともにとどろく雷の如くの音に伴っている。音のあとで、ゴールデンボールは自動で裂けて、中には意外に1個の鮮やかの赤色の大きな桃子であって、風神が昼も夜も思っているの息子ではない。風神はぐっさりと武器棚から金の槌を取りかけて、鉢内に産んだ大きな桃に切っていく、哈努曼は出生した[7]。このストーリーに、猿と密接で繋がりの二つのものがあって、一つは金色の丸ボールで、別のは鮮赤色の仙桃である。この2件のものは一つが生命の種を代表しているらしくて、もう一つは生命長寿を象徴する無限な時空らしい。新疆博爾塔拉蒙古自治州博物館で収蔵する文物の中には、ある石彫りの猿があって、その猿の両腿はひざまずいて、正面に正座して、両手は平たな円の形のもの（桃で、あるいは生命の種であるかもしんねない）が口元に放されている。これは非発掘品であるので、その出土の場所、時代と文化背景が判定できない、だからまだ学術界の注目を浴びることができないが、本文の研究に範囲の中には、それを相関的神話と連係して研究すれば、私たちにもっと多くの考え空間を与えるはずだ。

　第二、風神の護子のストーリー；千目大神は因陀羅が風神の息子を誤って傷つけたため、風神の恨みを買った。風神は息子をいだいて洞窟内に隠れていて出て来たくない。風神が離れた後で、世界には風がなくて、空気は停滞して動かない、因陀羅は仕方がなくなって、風の強さを助けて雨が降ることができなくなった。世界上の全ての生物は生き残るができなくなりそうだ。婆羅門神はこの事情の経緯を知って、因陀羅を責めて、風神の身を隠した所を彼に教えて、因陀羅はみずからで風神に謝罪して、ともに風神の息子哈奴曼はこれから自由に変化できると約束した。風神の怒りはやっと平定して、自分の作業を回復して、大地はもう一度生気が満ち溢れる[8]。この物語から風神は彼の子供に深く可愛がることが見つける。子供が傷つけるため、それで隠れて出て来なく、自然の世界の災変を引き起こす。風という無形ながらも流動するエネルギーが自然界での重要性はこの神話によって表現された。新疆和田地区に見つかた「大きい猴と小さい猴」という玉での彫刻塑像は、この主題思想を十分に表した。生地が優しい白玉で彫り上げる。雌の猴は斜めにしゃがんで座って、頭は正面に向かって捻って、両手は首に乗るその二匹の小さい猴を取り囲んでいる。玉の彫刻は独創性があり、彫刻刀で雌の猴と小さい猴の額の上方に数本の陰刻の糸が刻まれることによって、毛髪を示す。それに、雌の猴の手部に陰刻の糸が刻まれて、手の指を表した。最もおもしろいものは玉石に青、赤二つの皮色を着色した、赤色はちょうど猿の後ろ背部に分布して、青色は大きい猴の腰部に、肘部と前の小さい猴の顔に分布した。これによってこの絶世の芸術品に奇妙な色彩を増やした（図5）。この貴重な玉彫は偶然に人が田畑から見つかられたのである。考古学者は地層を発掘して実地調査しなかったので、時代は断定しにくい。もし古インド神話物語に繋がっては、私たちはそれが自然の万物の生きるのを控える風神に対する崇拝と浮き彫りすることであると判定して、その文物の価値は一般ではない。面白いのは、新疆で発見したこの主題の文物塑像は一つだけでない。阿克蘇博物館館蔵の新和県で出土したの猿造形は、一匹の大きい猴が小さい猴を抱くという陶質塑像を表した。大きい猿の麺部表情が柔らかで、乳房が突出して、

懐中の小さい猴は母乳を吸っているらしい。これはまた猿とその子供の親密な関係を表現する主題である。

この他には、私たちはロシア艾爾米塔雄多の博物館は編纂した『莫高窟——ロシアシルクロードでの探検』という本の中、まだ造形風格は和田出土した大きい猿と小さい猿と非常に似ている猿イメージも二例見えた。一つは和田で出土して、玉彫刻、高さは6センチで、猿は側面に座る姿勢をして、一つの前の爪が腹に放されて、別の爪は大腿に放される、頭が肩に偏る。玉は青色である（ダレー）。この本が発表する別の一匹の猿は木の葉を持っているイメージであり、私たちは猴が桃を食べる主題思想の変わった表現だと看做す。また1枚の猿形は庫車仏教の壁絵中から出たが、猿形も同様に横向きがしゃがんで座っている。脳がそばの肩に向けている。この両例の猴形塑像は小さい猴が出現しなくても、造形風格は上述とよく接近する。同じの芸術主題の思想の影響下の作品とみなすことができる。

上述の分析によって推論ができて、新疆の猴形文物の文化淵源は大体上に三つの源を分けることができる：一つは新疆天山山脈と新疆南東部地区の古羌族の猴トーテム文化の影響を受けることで、歌舞祭祀を演ずることから造形芸術主題になる；第二は古羌人と塞種人が長い間に文化を付き合ってしだいに、だんだん神聖なトーテムに対しての相互な同意を形成することであって、結局は猿馬−猿駝の組み合わせである。世俗な社会にだんだん猴馬雑技の演出を形成して、さらに芸術の創作に現実の題材を提供する；第三は古インドの風神を崇拝する観念を反映して、その狙いは風神の猿と自由に変化できるイメージの息子は自然界天候に対して直接的ば影響があると強調することである。

私たちは、上述の猴形文物は陶器焼き、石材、玉料彫刻などの工業技術を採用することを知っている。これらの工業技術は当時の社会文化背景の下にみな重要な技術的業界に属して、純粋な修飾の審美のためにこんな工業技術と芸術の創造をするのはありえないが、もっと深い思想原因と社会文化機能があるかもしれない、これは私たちが次に討論する問題である。

三　猴形塑像中の多元文化の溶け合い痕跡

ある研究者の統計によって、中国で漢族とチベット族語系の18つの民族の中で、トーテムを信仰する基礎の上に育成した猴祖物語を伝わっている。漢民族早期文化の中で猿トーテムの信仰の情報に関して、同様に私たちは注意すべきだ；1. 漢文字の羌の字は、甲骨文と金文に毛羽なんてと旄の尾などの象形の記号を加えて、羌人の身なりはその特別な所があると説明する。[9]それで康家石門子の岩絵上の舞踊する人像は、頭には毛羽飾りを被っている。この風習は西域の古羌人文化と関連があると推論できるのだろうか？今の学界の見方に基づくにも関わらず、康家石門子の岩絵の上が古代塞種人を浮き彫りして、塞種人は西域に入った後で、現地の元の羌と文化には相互に

[7] 呉久長著、『インド神話物語—神猿哈奴曼』、上海訳文出版社。

[8] 廖池、邵詩玲、忠青編著、『世界神話の談』、海峡文芸出版社、1998年版、233ページ。

[9] 張月芳、孫林編著、『漢民族西王母神話とチベット羌民族猿神話の関係』、『チベット民族学院学報』、社会科学版、1997年4期、25ページ。

吸収して融合する過程もあるはずである。中国古代史には西王母神話が広い伝わっている。学界の多数はその原型が遠くまで塞種人を嫁いだ羌人女王の歴史の屈折だと賛成する。こうして見ると、康家石門子の岩絵に猿の形が出ることが理解しやすい。2. 中国の古文献の中で、西部羌と戎地区は「禺強の国」と視されて、「禺」の字形は、篆文に長い尾があって、形は人顔と似ているの猿である。康家石門子の岩絵中の猿顔人身像で、私たちはそれを猿イメージの浮き彫りと看做すできるか? 禺強は中国の大昔神話の中で海の神であるまた風の神である。これは古インド神話の中で風神が猿の形であると一致である。3. 康家石門子の岩絵の中で猿と一緒に出たの虎の形は、別の重要な手掛かりを引き出すことができて、古羌戎のトーテムは虎であって、文献でその源を遡れば、最初に中華民族の「三皇五帝」の首と仰がれるの伏羲氏である。漢文古典籍はよく「伏羲」が「盧芝居」と書いてある、二字は「虍」から、『論語摘輔象』には伏羲が「虎の鼻の山」という体型の象徴があると述べる。これは全部伏羲氏族部落の虎トーテムを象徴する。『道蔵・穴神八帝妙精経』には「伏羲る。「我が国にすべての新石器文化、銅と石併用文化は全部羌戎と密接な繋がっている。伏羲氏部落は陝甘高原の「古西戎地」で生活して、その種族は古羌戎に属することは当たり前である」[10]こうして、新疆で発見した猿形文物には豊な文化内包と成因がある。私たちは前で言及して、新疆で発見した猿形の芸術造形の時代は最初に青銅時代に康家石門子の岩絵で刻んだ猿である。この他、奇台県坎孜遺跡で出土したの春秋戦国時期に銅で猿騎造形は（図6）時代も比較的早い。このような造形する文物は、私たちは寧夏西吉玉橋村で出土物と酷似する類型を見えた。披露者はこの文物が北方草原文化の特徴を持っていると考える[11]。北方草原の青銅文化に、確かに猿騎の青銅彫刻が存在する。北方草原の青銅文化は、特に猿騎のような芸術造形と繋がって、日本学者広中智之はその源が古インドとヨーロッパ文化の一部分であると考える。インドとの関係が比較に大きくて、この類の猿造形はシルクロードに沿って東に向いて発展して、中国と日本に影響を及ぼした[12]。筆者はもし考え角度を換えれば、古インドとヨーロッパ人の中の一本の塞種人は古羌人と文化交流で、羌人の猿トーテムの信仰を吸い、猿騎と猿駝の芸術主題に形成しかねないと考える。私たちは古羌人文化が発展の中で早い時に中華大文化の体系に溶け込んだことが分かる。しかしその大切な文化要素は、その具体的な文化事項によって代々と伝えることは自然である。中国民間に猿に関した民俗事項が多くて、本文の補助材料になっては、新疆で発見した石猿の彫像は、古羌人文化との関係がいっそう緊密であるを説明する。例えば山西、陝西、内モンゴルなどの地の農家オンドルの焚き口の端には、よく青石で彫刻したの小さい石猿（オンドルの獅子もある）があり、わざわざ6、7カ月の幼児を八手進むことを学んだばかりのために、子供を繋がるのに使う。母は1本の赤縄が石猿の脚部の丸穴に結んで、別の端に赤ちゃんの腰を遮てつながる。猿は赤ちゃんの平安を守ることができ、子供が大きくなって頭が良くなることができると言われる。陝西、甘粛、山西では、特別に陝西の渭南地区で、ほとんど村々には馬を繋がる石柱があり、多くの馬つなぎの先端には石猴を浮き彫って、「疫病を避ける猿」と言う。「毎年の旧暦の三月三日に、南陽市方城県の小頂山に寺の縁日があって、縁日で「小石猿」という石彫を売却する。現地に「よい時間」（字の音と似ている）と俗称して、「描くの石猿」とも言う。寺の縁日を追う人はみな踊りあげて買って、ともに相互に「よい時間」（時間と石猿の音に似ている）を贈って、自分と親戚友達に好運をもらってくることを望む。「単猿」は「祖師封侯」という寓意で；「雌の猿は小さい猴を背負う」の寓意は「代々封侯」である。その独特な造形と吉祥の発音の近いことによって、それは中原に栄誉がいっぱいあって、長い間に衰えない。地元の人は新年や節句のたびにこれをもって縁起物として子供に帯びさせる。これは方城県で独特な「猿文化」になった。

　こんな大きい文化背景を通って、博爾塔拉博物館には館蔵の石猿は両手が円形の物を抱いて、口元に当てているの造形を見ましょう（図7）、それをまた猿が桃を食べるのような自然界の猿生活した直観描写と簡単に理解しできないらしい。多元文化の溶け合いの角度から考えて、もしかしたら別の要素がある。古代世界諸文化の融和は、ちょうど人々は事物に対する認知を一致に達成するからである。例えば、族の源は氏羌系の摩稜人が一つ神話があり、天神と地神が産む猿は石穴中の大きい卵を飲み込んだので、ごろごろ転がるほど痛んで、石卵にはさまざまな動植物を飛散させる。卵核は摩稜人の女祖先になる[13]。この神話の鍵は石穴に珍蔵した石卵であり、自然万物の遺伝子を含んでいて、猿が卵を丸飲みにすることは万物出生、成長を促すきっかけであり、こうして、彫刻石猿形は深い文化意味がある。古文化の背景から理解しては、このような石猿を彫刻して、万物成長を促す巫術意味を持っている。この角度から考えてこそ、古代先民は巨大な精力をかかって、石猿を浮き彫る文化心理と動機を解釈しできる。この深い文化心理は、中国中原地区だけでなく、ずっと新疆古文化にも伝承する。だから私たちは新疆で発見した唐代猿形文物——新和県で出土した雌猿が子をいだく猿造形では、雌猿の首に、三つの円形木の実に似た飾物をつける、（図8）これはやぱり神猿が誕生と成長の過程の中で重要な役割が果たすことを暗示するらしい。それでインド神話中に猿は風神の身分として、それが自然界流動したエネルギーとして、生命に対して、出産を促すことと生じ育てる機能を強調する。

　次に、私たちはまだ新疆猿形文物の中で猿が木に登るについての神話意向を話す。猿が木登りすることが上手だというのはその自然の生態機能である。古人は猿がトーテムととして、別の文化意味を引き伸ばす。古羌人が「猿創世神話」の中で、一匹の猿が馬桑木に沿って天に昇って、天上の金鉢をひっくり返して、洪水が氾濫して、それで世界を創造することと言われる。この神話は実は前に言ったインド神話中の風神猿が出世しないで、雨神は雲を作って雨を降って万物を潤すことができないということと同様の道理である。

四　まとめ

　新疆で発見した猿形文物は、重要な歴史文化情報を現れる。まず、古代羌人が塞種人と文化交流、溶け合った可能性のことであり、それから古インド文化、特に神話思想は青銅時代に西域南東部にあるいはもっと広い地区で広がる可能性がある。この可能性は、中国古代文明とインド、西アジアなどの古い文明の交流は漢代シルクロードが開拓される以前に、すでに社会生活の多くの層面に浸透したが、西域地区に生活している遊牧民族はこの過程で重要な作用を発揮したことと気が付いた。東西各古文化の伝統と習俗は、漢－唐以後に続いて延長して発展する。このような延長と発展は、神話寓意と儀式体現によって西域古代社会生活中で体現されて、それで造形芸術が創造するために、豊かな主題を提供した。

[10] 『巴渝文化の厚重』、http://ds056h.blog.tianya.cn。

[11] 李菲、李水城、水濤編著、『瓢箪川流域地域古環境と漢文化』、『考古』、1993年9期、829ページ。

[12] 【日】広中智之、『和田約特干出土した猿騎俑と猿駝俑源流考』、『西域研究』、2003年1期。

[13] 王小盾編著、『漢族・チベット族語系猿祖神化の系譜』、『中国社会科学』、1997年6期、150ページ。

萨克尔

蘆莱

黒海

里海

恒羅

コンスタンチノープル

タシケント

サマルカンド

地中海

アンタキヤ

パルミラ

ハマダーン

マリ

蓝氏城

タシ

ダマスカス

バグダード

番兜

マシュハド

ヘラート

カーブル

カイロ

ペルシャ湾

紅海

カラチ

ウルムチ
高昌
哈密
マアタ
姑墨 亀茲 焉耆 玉門関 敦煌
ヤルカンド 張掖
若羌 サウル庫 陽関 酒泉 武威
グマ 于闐 且末 固原
蘭州
臨洮 天水 長安

で

太平洋

ド洋

后记

　　在中国国家文物局的大力支持下，在中国驻长崎领事馆和中国新疆维吾尔自治区文物局的大力协助下，通过中国文物交流中心和日本长崎孔子庙中国历代博物馆的辛勤工作，更有赖于中国新疆维吾尔自治区博物馆和新疆文物考古研究所的积极配合，本次展览得以成功举办。

　　为了此次展览的顺利开幕，日本长崎县、长崎市政府和长崎华侨总会给予了大力支持和帮助，在此表示衷心的感谢！

　　中国与日本一衣带水，两国间的文化交流更是源远流长。长崎是日本重要的港口，也是中日之间交流的桥梁和门户，在此举办象征文化交流与包容的丝绸之路展览，正契合了中日两国和平友好的主题。今后，长崎孔子庙中国历代博物馆将与中国文物交流中心合作，推出一系列高水平、有特色的中国文物展览，希望此举能够使日本的民众更加了解中国，并为两国间的文化交流开启一个良好的新局面。

後記

中国国家文物局の強い支持の上で、中国駐長崎総領事館と新疆ウイグル自治区の積極的な協力によって、中国文物交流センターと長崎孔子廟中国歴代博物館が一生懸命に働いたことを通して、新疆ウイグル自治区博物館、新疆文物考古研究所の積極な協力を頼りに、今回の展覧はみごとに催しました。

日本長崎県長崎市政府、華僑総会の強く支持と助けたおかげて、今度の展覧会はうまく開幕できます。ここで心から感謝いたします。

中国と日本はお互いに一衣帯水の隣国であり、両国の文化交流は歴史が長いです。長崎は日本の重要なポートであり、とともに中日の交流の橋とドアでもあり、ここでシンボルの文化交流と収容するシルクロードの展覧を催したのは中日両国平和友好のテーマにちょうど暗合しました。今後の五年間に、長崎孔子廟中国歴代博物館は中国文物交流センターと合作し続けて、レベルが高くて、特色があるシリーズの中国文物展覧を推すことを企画する。この事が日本の民衆にいっそう中国を調べることができることを望んで、そして両国間の文化交流のために良好な新局面が開きたいと思っています。

図録編集委員会

主　　任　王軍

副 主 任　盛春寿　姚安

委　　員　艾尼江・克依木　趙古山　商小韞

大綱設計司会　劉国瑞　李軍　侯世新

大綱ライター　呉艶春　孫維国　岳啓竜
　　　　　　　朱虹　張釗　崔金沢

文物説明　艾山江・居馬洪　李達　牟新慧
　　　　　阿迪力・阿布力孜　胡桂珠
　　　　　張元　艾尼瓦尔・艾合買提　甘偉

校　　正　沈平

撮　　影　劉玉生　陳龍　丁禹

翻　　訳　元培世紀（北京）教育科学技術有限会社

责任编辑　傅嘉宽
责任印制　陈　杰
装帧设计　崔金泽

图书在版编目（CIP）数据

中国西域·丝路传奇：汉日对照 / 中国文物交流
中心编． -- 北京 ：文物出版社，2013.1
ISBN 978-7-5010-3678-3

Ⅰ．①中… Ⅱ．①中… Ⅲ．①丝绸之路－出土文物－
新疆－图集 Ⅳ．①K873.45

中国版本图书馆CIP数据核字(2013)第005789号

中国西域·丝路传奇

编　　者　中国文物交流中心
出版发行　文物出版社
地　　址　北京市东直门内北小街2号楼
邮　　编　100007
网　　址　http：//www.wenwu.com
电子邮箱　E-mail：web@wenwu.com
制　　版　北京文博利奥印刷有限公司
印　　刷　文物出版社印刷厂
经　　销　新华书店
开　　本　889毫米×1194毫米　1/16
印　　张　11.25
版　　次　2013年1月第1版第1次印刷
书　　号　ISBN 978-7-5010-3678-3
定　　价　260.00元